青岛统一战线智库2022年度立项课题：智媒时代黄河文化对外传播机理及治理对策研究（QDTZZK2022054）

DANGDAI ZHONGGUO XIANGCUN WENHUA CHUANBO DE DUOWEI SHIJIAO

当代中国乡村文化传播的多维视角

王鲁美◎著

安徽师范大学出版社
ANHUI NORMAL UNIVERSITY PRESS
·芜湖·

图书在版编目(CIP)数据

当代中国乡村文化传播的多维视角 / 王鲁美著 .— 芜湖:安徽师范大学出版社,2022.12

ISBN 978-7-5676-5986-5

Ⅰ. ①当… Ⅱ. ①王… Ⅲ. ①农村文化—文化传播—研究—中国 Ⅳ. ①G12

中国版本图书馆CIP数据核字(2022)第235393号

当代中国乡村文化传播的多维视角 王鲁美◎著

责任编辑:阎 娟 责任校对:王 贤

装帧设计:张德宝 汤彬彬 责任印制:桑国磊

出版发行:安徽师范大学出版社

芜湖市北京东路1号安徽师范大学赭山校区

网 址:http://www.ahnupress.com/

发 行 部:0553-3883578 5910327 5910310(传真)

印 刷:苏州市古得堡数码印刷有限公司

版 次:2022年12月第1版

印 次:2022年12月第1次印刷

规 格:700 mm × 1000 mm 1/16

印 张:9.75

字 数:150千字

书 号:ISBN 978-7-5676-5986-5

定 价:48.00元

前　言

在乡村建设中，乡村文化的建设不可缺位。文化与传播相互依存，没有不传播的文化，没有无文化的传播。乡村文化与传播的关系在不断发展中相互渗透。乡村文化存在于乡村传播之中，乡村文化共识带来传播认同，传播认同促进乡村文化自信，乡村文化自信促进美丽乡村建设与乡村振兴。

本书以“当代中国乡村文化传播的多维视角”为题，探讨相关内容。全书共分为五章：第一章是当代中国乡村文化的基本认识，包括乡村文化的内涵界定、乡村文化的构成内容、乡村文化的功能分析；第二章是中国乡村文化的变迁发展，包括中国乡村文化的变迁逻辑、中国乡村文化的振兴路径、中国乡村文化发展的理念创新；第三章论述当代中国乡村文化建设与传播，内容涉及乡村文化建设的参与者分析、乡村文化建设的方法与目标、乡村文化传播的方式；第四章研究当代中国乡村文化传播的服务体系，内容涵盖乡村文化传播服务体系的特点与现状，乡村文化传播服务体系的定位与内容，乡村文化传播服务体系的案例分析，乡村文化传播服务体系的优化策略；第五章探索当代中国乡村文化传播的创新发展，内容包括基于新媒介的乡村文化传播新形态，基于短视频的乡村文化传播，基于“新农人”的乡村文化传播。

本书体系完整、视野开阔、层次清晰，从乡村文化基础、乡村文化建设、乡村文化传播等方面分析乡村文化，并以创新发展的眼光，在现代技术的背景下，探索当代中国乡村文化传播，推动乡村文化的多元化发展。

本书可供读者参考，并为理论研究者的进一步研究提供基础。

笔者在撰写本书的过程中，得到了许多专家、学者的帮助和指导，在此表示诚挚的谢意。由于笔者水平有限，加之时间仓促，书中所涉及的内容难免有疏漏之处，希望各位读者多提宝贵的意见，以便笔者进一步修改，使之更加完善。

目　录

第一章　当代中国乡村文化的基本认识

第一节　乡村文化的内涵界定

一、乡村的概念与功能

（一）乡村的概念

随着社会生产力的发展，农业社会和工业社会的区分越来越明显，社会发展到一定的阶段就形成了城市和乡村[①]。乡村相对于城市是一个独立的体系，有着独立的社会形态、经济形式和自然景观，生活在乡村中的居民主要从事农业劳动。从社会学和经济学的角度出发，乡村是人类社会中的一种普遍的地域形态，但是国内和国外的相关学者对乡村有着不尽相同的定义，我国的学者认为以农业活动为主的小聚落模式的生活区域可以被称为乡村地区。

乡村是一个空间概念，在我国城乡话语体系中，县城以外的广大区域被称为乡村。乡村是在人类从农业社会向工业社会的发展中相对于城镇而

① 乡村这个概念在国际上一般称呼为非城市化的地区，乡村这一概念是相对于城市的概念而言的。

出现的，保留了良好的自然环境，因此乡村才有了开展乡村旅游得天独厚的自然条件。

在我国，乡村的主体部分是农村社区。乡村旅游是在这片以特有的乡村人居环境、农业生产及其环境为基础所开展起来的旅游活动。从土地利用类型来看，乡村是有别于城镇的一种土地利用形式。在乡村，土地利用以农林牧渔用地为主，而在城镇，大量的土地被用于城镇建设。

（二）乡村的功能

第一，乡村的经济功能。乡村经济是乡村全方位发展的动力和保障。乡村的经济功能主要体现在向社会以价值形式提供乡村产品，这也是乡村产业的基本功能之一，它的核心作用是满足人类赖以生存和发展的基本物质需求。增强乡村振兴的经济动力，对国民经济发展起着重要的基础性支撑作用。乡村的经济功能还表现为保障国民经济的可持续发展，主要体现在提供农产品、开拓市场、提供生产要素和促进外汇收入等方面。

第二，乡村的社会功能。乡村的社会功能主要体现在提供劳动就业和基本的社会保障，促进乡村社会全面发展。乡村发展不仅能够为乡村人口创造就业机会，还对乡村产品的质量、数量和安全性产生直接影响，满足人们对健康、最基本的生存需求以及环境美感需求的更高期望，这些都是乡村社会功能的发展。乡村作为以农业生产为主体的区域，为人类生存提供了最基本的选择，乡村生活也很好地丰富了社会发展的内涵，是社会发展的有益补充。

第三，乡村的生态功能。乡村区别于城市最直接的功能就是生态功能，而保护和发展乡村生态功能对乡村经济发展的可持续性具有积极的、显著的正效应，对改善人类的生活环境，保护生物多样性，防范自然灾害，推动乡村一二三产业融合与协调发展等，都起着积极和重要的正向作用。

第四，乡村的文化功能。乡村的文化功能主要体现在保护文化多样性和具有教育、审美及休闲等方面的作用。一方面，乡村一般起源于古老的聚落，蕴藏着丰富的文化资源；另一方面，乡村的淳朴气息能够帮助人们树立正确的世界观、人生观和价值观，有利于形成人与自然和谐发展的局面。

乡村的多种功能之间是相互依赖、相互促进和相互制约的。就经济功能而言，其功能效应的有效发挥不仅对乡村总体功能的实现产生影响，而且其蕴含的价值潜能还可以直接或间接地影响乡村社会、乡村生态、乡村文化功能的发挥。其他功能亦如此。乡村的多功能性对乡村复合生态系统的每个子系统均具有支持作用，充分发挥乡村多功能性，可以促进乡村复合生态系统的稳定和发展，不断为乡村发展注入新的活力。

二、乡村文化的要素

乡村文化是指从事农业生产的农民创造的文化。这种文化表达的是从事农业生产的农民在我国漫长的农业产生过程中所积淀形成的价值观、生活状态、处事方式、人与自然的关系、人生状态、处事理念、对于人和宇宙的认知、思维方式等。作为一种文化形态，它的要素包括以下方面。

（一）价值观念层面

乡村文化随着农业生产力的发展和社会制度的进步而一步步地呈现着动态的发展趋势，并随着一代代人而传承下去。

一种文化的核心必然体现在这种文化的价值观念的取向上。农民的价值观念无疑是乡村文化的核心内容，在其发展过程中，形成了乡村独特的文化传统和社会关系。

（二）社会制度与科学层面

第一，社会制度层面。不同的社会制度和相应的社会结构会出现不同的社会关系，乡村社会的社会制度、社会结构在一定程度上影响着乡村社会文化的整体发展。

第二，科学技术层面。科学技术是第一生产力，科学技术的进步是社会制度变革的根本动力。从新石器时代到如今的乡村呈现了不同的形态，背后正是因为科学技术发生了重大的变革，从而影响了乡村的发展。

（三）文化艺术层面

文化艺术是乡村文化的外显的体现，从事农业生产的农民的文化艺术活动是乡村文化非常重要的体现和载体。由于不同的地理条件和经济政治等原因，我国的乡村文化和城市文化相比，有着突出的特色和表现形式。

1.保守性

保守性是我国乡村文化的显著特色，因为我国的乡村多是以一个个村落而聚集在一起的，大家日出而作、日落而息，活动多是在一个个村落里进行，很少与外界发生联系。这种条件下发展起来的乡村文化会不可避免地带有保守的特点。

2.兼容性

我国幅员辽阔，地理条件十分复杂，我国的地理条件是形成这种兼容性的特色的主要条件。由于我国各地不同的生产方式，产生了不同的思想理念和生活方式，它们综合起来就形成了我国乡村文化的兼容性。地理条件是农民生存的必要条件，土地是农民生存的必要的物质基础，五十六个民族在同一片土地上生存、劳动，形成了丰富的中华文明。这些不同的民族在不同的历史时期形成了各具特色的优秀灿烂的文化，这在一定程度上促成了乡村文化的形成，并使乡村文化的兼容性有了更好的发展。各个民族之间并不是独立发展起来的，他们之间相互包容，相互融合。随着全球化时代的到来，我国各民族同世界的来往日益频繁，同世界优秀文化相互融合，表现出日益兼容的乡村文化。

3.创新性

我国乡村文化的形成主要得益于中国乡村长期以来的稳定发展。我国的农业生产有上千年的历史，乡村文化是从先前的文化传承下来并创新出来的，并不是我们随心所欲地编造出来的。

为了巩固封建统治阶级的统治，为了维持封建社会的运行，封建时代的乡村文化形成了。中华文化源远流长，在历史的发展长河中具有极大的凝聚力，农民作为乡村文化的主要载体，对中华传统文化的发展起到了重要的作用。

我国乡村文化充分尊重文化多样性，不仅在“取其精华、去其糟粕”的基础上继承发展我国优秀的传统文化，更面向世界、博采众长，积极吸收世界各国的文化精华。所以，乡村文化在未来将大放异彩。

三、乡村文化的美感与审美价值

（一）乡村文化的美感

景色含有美的元素才会成为有美感要素的景观。各地乡村都不同程度地带有自身浓厚的传统文化和地域特色，乡村的这些本土特色正是构成乡村景观美感的基本元素。

乡村景观设计主要是显现地方特色的有审美价值的部分，是以原汁原味的乡村风情风物为审美中心的文化景观设计。遵循景观美学原理，打造和挖掘乡村景观特色之美是文化景观设计的中心内容。尤其在当今社会，美的价值提升就意味着经济价值的提升，有审美价值的乡村景观才会为新乡村建设带来欣欣向荣的繁荣景象，才能为农民的生产生活带来直接的经济利益。为此，需要了解那些属于乡村景观的美感要素。

1.自然材料的美感

自然材料是人类最早使用的材料，也是人类祖先制作用品的材料来源，是最朴素和真实的材料。人类的发展和进步经历了各种时代的变迁和环境的演化，但自然材料的利用一直存在于人们的吃穿住用行中，从来没有中断过。

乡村建设要立足于丰富的自然资源和自然材料，以生态、可持续发展观为指导，以发挥乡村特色为出发点，使乡村景观保持别具一格的风格，提高乡村景观的吸引力。

自然材料与人类生存息息相关，自然材料之美来源于人对自然的本能认识。人类一诞生便与自然材料打交道，如制作土陶罐装水、用棍棒防身、打猎抓鱼、凿挖洞穴居住等，都反映了人与自然的相依相偎。生态和谐的自然环境是每个人的追求和理想，贴近自然，享受自然的馈赠，有利于保持愉悦的心情和积极向上的精神。

乡村环境的和谐与美丽，自然材料发挥着巨大作用。在现代化建设和生产的潮流中，乡村的自然环境成为人们追求和向往的归处，更是心灵的栖息之地，尤其对于城市人来说，工作、学习的压力更激发他们对乡村环境的渴望。乡村建设要选用合适的自然材料，发挥其自身优势，在发展的同时传承乡村特色，保护乡村环境，做到社会发展与自然环境和谐统一，才能将乡村的纯朴民风等特色更好地展现出来，获得精神与物质的双重享受。

2. 自然田园的美感

乡村辽阔的大地田野，将其独有的特性以不同形式展现在大众面前：或硕果累累的庄稼，或成排堆砌的稻谷垛，或整齐划一的稻茬田，这些不仅体现了乡村的生产生活方式，凝聚了美妙的乡村气息，而且表达了乡村人民对人与自然和谐相处的领悟。同时，乡村的地域差异和地理特征以不同形态展现乡村环境，水田、旱地、高山、梯田等形成一幅美丽的乡村画卷。农民在田地这块艺术大地上尽情挥舞，展现人生智慧，追寻人生意义，谱写生命的篇章，传递对土地的关爱和感恩之心。

3. 特色文化的美感

优秀的传统乡村文化不应该随着社会的发展而被遗忘，即使在现代化的今天，也应该铭记优秀的传统乡村文化对社会进步的贡献，认识到历史和传承是任何社会文明发展和进步的基础。传统乡村文化源于乡村生活，经历了大自然的洗礼，如果任其消失，将留下无尽的遗憾。乡村文化具有浓厚的乡村气息，是一种真诚、质朴的美，表达了人们对幸福的追求，代表了对未来的期望。中国传统文化是民族文化，体现了民族精神和内涵，是社会发展的动力和源泉。虽然科学在不断进步，工业化、现代化提高了人民的生活水平和社会化程度，但仍不能忘记对传统文化的继承和发扬。乡村景观要体现地域特色，提高吸引力并展现其魅力，必须坚持以突出乡村文化之美为出发点。

每个古老的乡村，都经历过上百年历史的沧桑演变，多多少少都保留了自身特定的乡村文化。正因为如此，乡村景观既是历史的见证，又刻有年轮的印记，是最珍贵的历史文化遗产之一。乡村文化之美不仅仅通过乡村景观和建筑得以展现，非物质文化遗产也是其中重要的一方面，包含各种各样的民间艺术，如山歌、民曲、剪纸艺术、民间雕刻等。只有健康、积极向上的艺术才能准确地表达民族精神，鼓舞人心，才能更加有效地促进乡村文明的建设，为乡村社会经济的健康、稳定发展打好基础并提供保障。

4. 手工技艺的美感

手工艺品凝聚了人们热爱生活的美好心情和高超的技能，精湛的民间手工技术体现了人类的智慧和文明。现代生活的快节奏，在丰富物质生活的同时也提高了人们对工业化和自动化的依赖。

好的手工艺品可能没有机器生产的产品的精致，但却寄托了人的情感和劳动付出，其“不完美”的人工痕迹，既带给人自然、纯朴的美的感受，更刻画了民族的记忆和文化，反而是机器无法替代的“完美”。手工艺品是人们智慧与才华的展现，代表了当地当时的审美水平和审美标准，更承载了民族记忆和文化，应对其赞扬并不断地延续下去。

5. 现代科技的美感

中国传统农业开始向现代农业转变，而且进入了非常重要的阶段，机械化代替了原有的手工劳作方式，在减轻体力劳动的同时，也让人们用更好的心情和状态参与劳动生产。机械化耕种、收割和脱粒等，相比传统的小农操作，提高了劳动效率，彻底改变了农业生产方式，也使乡村面貌以新的形象呈现在人们面前。

人们在新技术的利用过程中感受到了其重要作用和给生活及乡村带来的变化，产量增加了、农副产业兴旺了、生活质量提高了，而且乡村环境也变得越来越好，这就是科技之美。现代科技改善着乡村的一切，提高了农民生活的幸福感。

科学技术的作用是全面的、多方位的，它不仅可以用在农业生产上，而且可以用于乡村环境的美化，为乡村的发展提供多重保障，对乡村各个方面的发展都具有重要意义。乡村的发展要以循环农业为主，根据其地理特征和自然环境，充分利用资源优势，如太阳能、风能、沼气等再生能源，减少排放和污染，加强生活垃圾、污水、秸秆焚烧等的治理和转化利用，创造出一个更美、更纯净的乡村环境。科技使得乡村的面貌焕然一新，在人们心中留下了不可磨灭的印象和美感。

（二）乡村文化的审美价值

每个人对美的感受都不同，乡村景观的设计要以真善美为美感基础。乡村景观，既能将不同地域的地理环境和气候特征反映出来，也诠释了当地的风俗习惯和文化特质。要体现乡村景观的美感并实现其价值，必须以当地历史文化传承为基础，立足本土文化，充分发挥其独特性。所以，乡村景观的经济、文化、功能和地域等属性决定了乡村景观的审美价值。

1.乡村活动感受美的存在

人们对美的感受有各种各样的方式，如视觉美、触觉美、听觉美以及体验美，而且因为审美角度和审美标准不同，其对美的感受也各不相同。体验美是指通过活动的参与来感受，切身体验到美的存在。乡村生长着大面积的农作物，而各种农作物的生产过程都存在着一些差异，劳动形式也各不相同，人们能够从多方面参与和体验。

传统的农业耕种方式适合进行参与式的旅游开发，因其本身特征适合个体劳动，也就能更好地方便旅游者参与其中。通过参与劳动，旅游者不仅可以体验乡村的生活环境和习惯，在实践中学习农业知识，了解乡村和农业的发展模式，而且能够增加对乡村的关注度，珍惜当下生活，激发对乡村建设的热情。

2. 乡村产品提升商品价值

"美"在许多方面都能给商业带来极大的利益，特别是在经济飞速发展的时代，人们的审美眼光和审美要求越来越高。人们对吃、穿、住、行、用的追求已不是满足最基本的功能需要，而是追求功能与艺术完美结合的综合品质。

乡村是提供生活食粮的生产基地。如今，绿色健康农产品成为时髦的健康食品，价格也随之上涨。乡村则有应对市场需求的条件，因地制宜，就地取材，利用本土资源、生产原料加工农产品，并挖掘和创造大众喜爱的具有本地特色的土特产品，创造土特产品品牌。

商品价值的提升关键在于商品的真善美，真善美是提高商品美誉的基准，因此要动脑筋想办法创出好的、有特色的农产品和深加工食品，让人们愉快地接纳和消费，实现商品的高附加值。

3. 乡村环境具有观赏价值

美的环境不同于环境美，前者主要指视觉上的体验，如赏心悦目的景色令人感到心旷神怡，而环境美除了这些，还包括其他很多方面，如嗅觉、听觉等各方面的综合体验。美好的心情不仅仅来源于视觉上的享受，更在于包括视觉在内的其他多方面的综合因素。视觉美是直观的，它直接影响着人们的审美心理。除此以外，不被人们注意的还有非视觉因素，例如嗅觉、听觉、触觉、活动等一样能给人带来愉悦和快感。这些非视觉因素与视觉因素在环境中的综合呈现，留给人们的是整体环境的美好印象。

环境是一个整体，涉及环境中的各个物体和空间，自然环境、田野环境和村庄环境三者构成了乡村环境的综合体。不同的环境会给人不同的视觉和感受，而且，由于季节的差异，同一个环境因为季节变化给人的体验也是不同的。在美的环境里，既享受着视觉带来的冲击，又让人心里感到舒畅，心情自然也是愉悦的。绿色、生态的自然环境，不仅是人类赖以生存的基础，也是人们所追求的、符合社会可持续发展的最佳环境。

乡村面积广阔、土地资源丰富，不同季节会呈现不同的视觉盛宴，如田野间成片的金黄色的油菜花，果园里各种果树盛开的鲜花，以及田地里沉甸甸的稻穗等美丽壮观的景象，还有鸟语花香和随风起舞的农作物相互依偎摩擦而发出的“窃窃私语”，在大地的拥抱中传达丰收的喜悦……感恩农民的付出，刻画了一幅动人的乡村美景，给人以美的享受。

自然开阔的环境对游客来说充满着美感和魅力，乡村的美丽环境必然能创造出一定的经济价值。随着乡村环境的建设和优化以及观赏价值的不断提高，经济价值也在提高。

中国乡村拥有山地、平原、海洋、湖泊、河流、森林、湿地等多样性的生态旅游资源，完全可以充分利用和发挥。乡村旅游的有效开发会给新农村建设带来新面貌，促进农业经济发展，为农民的增收、就业开辟新渠道。

4. 乡村环境创造生命价值

乡村健康环境的建设不同于城市的建设，它以自然环境为基础，通过发挥乡村特征和植物作用，创造一个充满生机与活力的健康环境，因此，乡村美的环境，是健康、安全、生态的环境。

新农村建设和景观开发，要立足于乡村特色，不能停留在乡村景观的外在和观赏性上，更要发挥乡村优势，让在快节奏生活状态下的城市人放慢脚步，感受乡村的优美和宁静、恬淡和舒适，缓解其紧张的心情，满足现代游客的需求。

以健康为主题的乡村旅游开发需要由有持续发展理念的设计师与当地农民共同协作去努力实现。健康的美的环境必然会吸引更多的游客来观赏体验，美丽的乡村将成为城市人羡慕和向往的地方。

第二节　乡村文化的构成

我国乡村文化在形态上非常丰富，而且在不同地区、不同历史时期也各有特色。发展和建设乡村文化，首要的就是传承乡村传统文化，并进一步发展。乡村文化的构成如下。

一、乡村文化中农民的思维与价值观念

传统的小农经济前总被冠以自给自足，其根本就表现在一个“足”字上。“足”是农民一切劳动的目的。农民一生为农的生活特征注定了他们的性格是朴实的。吃苦耐劳、善良仁厚、忍耐力强都是农民的优良品质和基本特征。

（一）乡村文化中农民的思维方式

思维方式决定性格特征。农民的思维方式决定了农民的善良、仁厚、朴实等优良传统，这种思维方式对于国家、社会乃至乡村的稳定都起着无比重要的作用。农民思维方式是由农民在漫长的农耕实践中，逐步形成并沉淀下来的世界观和方法论。它与农民所处的自然地理环境、经济结构、政治结构、社会地位以及文化氛围密切相关，主要表现为内化在农民头脑中的认知结构、价值结构和思维方法，并反过来以其精神力量影响着农民生活的各个方面。

1. 农民传统思维方式的产生因素

（1）自给自足的生产方式。农民的传统思维方式是在自给自足的生产方式上形成和发展起来的。自给自足的生产方式在构筑农民思维方式方面起着基础性、决定性的作用。

（2）家国一体的政治结构。传统农民生活在中国传统的政治结构中，而中国传统的政治结构是家国一体的宗法政治结构。由于国与家是建立在小生产基础之上的，国与家二者的结合对社会生活产生了强大的控制力量，从而对农民思维方式的形成产生了深远的影响。在古代这种重群体而轻个体的环境下，农民形成了“非主体意识”和依附性的思维方式。

（3）伦理本位的文化氛围。人们的一切活动都是在一定的文化氛围内进行的，思维活动也不例外。生活在一定文化氛围中的人，其思维方式的形成首先就是以该文化氛围中蕴含的思维方式为基础和“原型”的，并受

到它的制约和规范。传统农民就是在这样的一种文化氛围中成长起来的，其思维方式自然会受到伦理本位文化的影响。农民传统思维方式的封闭性，正是源于中国传统社会私人关系网络的封闭性。

2.农民思维方式的内在组成

农民的思维方式主要包括农民的认知结构、价值结构和思维方法三部分。

（1）认知结构。认知结构是指思维主体具有的观念、知识和经验的综合体。农民的认知结构主要包括两个部分：①农民自身的生产、生活经验；②农民为了全面发展而学习的科学文化知识，为了适应农业现代化的发展所掌握的科学种田、养殖、园艺、沼气、病虫防治、农田水利建设等实用技术，为了适应市场经济的发展所具备的经营管理素质等。

（2）价值结构[①]。乡村政治、乡村文化以及乡村经济等内容会影响到农民的价值取向，农民的价值取向代表的是农民群体的基本追求。在血缘关系以及地缘关系的影响下，农民的价值观念大致分成了血缘和地缘两个层面，但是两种关系所对应的价值观念之间是存在矛盾的，甚至可以说它们处于对立状态。因此，“二律背反”结构存在于农民的思维方式当中。

（3）思维方法。思维方法指的是人们在思考时使用的运作模式。在社会环境、文化环境、历史发展的影响下，农民会形成相对固定的思维方法。

从内容角度对思维方式进行分析，可以发现它包括思维方法、价值结构以及认知结构三部分内容。其中认知结构是前提、基础，是知识体系的一种；价值结构是目标、方向，是目的体系的一种；而思维方法则是重要的影响因素，是工具体系的一种。在以认知结构为前提的情况下，农民遵循价值结构的指引展开思维活动，农民在思维活动当中也会使用一些思维方法，它们的共同作用形成了农民这一群体独有的思维方式。

① 价值结构是人们在道德、审美、情感方面的观念模式。在社会中，人们对各种行为观念作出评价并据此进行选择，无数个人和小群体的价值选择经过整合后便形成社会价值，由此决定着全社会的行为总趋势。

3.农民思维方式的现代转型

在乡村迎来快速发展的背景下，乡村涌入了越来越多的科学技术，也开始使用全新形式的管理制度、管理方法。在这样的情况下，衡量农民思维方式是否与时俱进需要使用现代思维方式评判标准。

当代社会农民思维方式想要顺利地完成现代转变，必须要突破及创新。思维方式的现代转变要突破的是传统思维方式的禁锢，只有在这样的前提下，才能建立出现代思维方式。在过去几千年的发展过程中，传统的思维方式一直存在于中国农民的思维空间当中，有较为悠久的存在历史，而且在长久的发展过程中呈现出了非常复杂的特征。在我国逐步建立和完善社会主义市场经济体制的过程中，农村实行家庭联产承包责任制在一定程度上推动了农民传统思维方式的变革，封闭思维、保守思维、经验思维以及依附思维不再占据农民思维的重要位置，农民思维逐渐呈现出科学性、创新性、主体性以及开放性的特点，越来越与时俱进。

（1）农民思维从经验性向科学性的方向转变。经验思维的形成和人们的日常生活生产活动有极大程度的关联，当人们在生活当中获得一定的感悟之后，此种感悟和体验就会慢慢地固化成人们的深刻的思维认知。在人们的日常生活中，经验思维发挥了巨大作用，特别是对于农民来讲，经验思维至关重要。经验使农民在开展社会实践时有了具体的经验参照，可以在一定范围内帮助农民更好地开展生产活动，更好地适应社会生活。但是，这也在一定程度上导致了农民生产生活的墨守成规，导致农民有些抵触外来新鲜事物。从本质分析，经验思维属于基础性思维，其作用的发挥需要依靠其他的思维方式作为补充，这样才能避免经验思维的局限性。

科学思维强调思维发展应该体现出理性或者科学性特点，注重观察事物本质。想要形成科学思维需要掌握系统知识，需要在思考的时候遵循逻辑顺序。科学思维以经验思维发展作为前提和基础，相比之下，科学思维更加高级。现代社会农民了解到了越来越多的知识，也意识到了科学知识的重要作用。在市场经济快速发展的背景下，农民的经营也不再墨守成规，开始注重理性、科学性。

（2）农民思维从保守性向创新性的方向转变。传统农民的一个突出特点是保守性。在过去，我国经济主要是自然经济，农民可以通过农业生产的方式自给自足。在自然经济长久占据主导地位的情况下，农民形成了较顽固的惯性思维。但是，农民思维方式当中也存在创新的部分。创新思维是现代思维方式的精神所在，有了创新思维，农民才能更好地对接未来、对接世界。在现代社会快速发展的情况下，市场经济体制也越来越完善，农民思维方式也开始转变，开始注重创新。

（3）农民思维从依附性向主体性的方向转变。在过去，农民更喜欢依赖群体生活，更喜欢借助群体的力量开展生产生活活动。农民之所以会依赖群体是因为他们需要依赖自然生产生活，需要依托自然的供给，不少生活活动需要群体力量，在开展任何活动之前，农民都希望获得他人的意见和指导，然后在群体的帮助下做出自己的个人选择。

但是主体性思维不同，它强调人应该在实践当中发挥自身的主体地位，凸显自身的主体性。中华人民共和国成立之后，农民获得了真正的自由，农民集体对农村土地享有所有权，在这样的情况下，农民的依附性减弱。尤其是在实行改革开放政策之后，我国开始了一系列的新农村建设，在一定程度上为农民提供了更多的实践机会、劳动机会。

农民是农村经济发展的重要推动主体，在农民具有主体地位之后，思维必然会向着主体性的方向转变。当代社会的农民不仅关注自身的生存问题，还关注发展问题，他们开始主动学习，开始关注个人发展以及子女后代发展。除此之外，他们也注重对环境的保护，农民生态观念的形成也从侧面说明了他们的思维方式开始向着主体性的方向转变。

（4）农民思维从封闭性向开放性的方向转变。在农民个体和外部环境保持割裂状态的前提下，农民的思维就是封闭性思维。在封闭性思维的影响下，农民对问题的看法过于孤立、静止。在经济开始一体化发展之后，社会经济发展、意识形态发展都和国家、民族之间产生了深层次的联系。在这样的情况下，如果个体依旧同外部环境割裂，那么将很难继续在社会当中生存下去。外界大环境的变化在很大程度上将农民从原来的封闭性思维中解放了出来，拓宽了他们思维的边界，加入了更多更丰富的思维内容，因此农民思维变成了开放性思维。

开放性思维是当代社会提出的思维方式，它的出现解放了农民思维方式，也推动了中国的社会发展。现代社会中，不同国家之间需要进行更多的产品交流、技术交流、思想交流以及文化交流，所以，各个国家中的人们的生活会受到多方面的渗透，在这种环境的影响下，农民也必然会接触到新鲜事物，更新思想观念，创造出全新的生活方式。

（二）乡村文化中农民的价值观念变迁

1978年实行改革开放政策之后，乡村进行了一系列的改革，乡村社会基本结构已经发生了大的变化。在这样的情况下，农民价值观念也随之变化。农民群体价值观念的变化对整个社会的发展起到了重大的推动作用。如下制度建设对中国农民总体价值观念转变有重要影响。

1. 乡村的经济制度建设

第一，优化土地产权制度。土地产权制度的优化和完善可以保护农民利益，可以让农民和土地之间形成物权化的关系。农民获得土地所有权后，会更愿意积极主动地生产，自身的生产力也能够得到充分保障。

第二，优化城乡互动机制。政府应该鼓励和号召资本投资乡村，为乡村引入更多的民间资本或者外商资本，这有助于乡村发展创造出全新的经济模式。资金回流机制也应该得到有效的优化。此外，还可以引导农民依托现有资源自主创业，特别应该为返乡大学生提供创业资金、创业技术等方面的服务。乡村人力资源相对丰富，可以创办乡村集体企业，帮助城乡结合发展。针对外出务工的农民工，应该提供更好的住房服务，保证居住条件，并为其子女提供教育服务。政府应该正确处理乡村农业产业和城市工业产业之间的关系，避免乡村产品价格的大范围浮动，保证城乡产品可以以公平的价格交易。政府应该积极引导农业向产业化、规模化的方向发展，促进农业和其他产业之间的深层次交流。

2. 乡村的政治制度建设

（1）加大基层民主的力度，拓展农民参与的政治空间。

第一，划定权限，分配任务。应该尽快完善相关法律，明确规定村民自治和国家行政之间的关联。乡镇人民代表大会必须更充分地发挥自身的职责和作用，需要传递党组织的政策，协调党和村民自治之间的关系，监督各个部门的工作情况。乡镇人民代表大会应该选举更多的基层农民作为人大代表，并对农民代表进行知识培训、文化素质培训、政治意识培训，让他们真正可以为农民发声，真正表达农民的发展建议，这样农民群众最关心的问题才能得到有效解决。在乡村地区开展的各项活动应该以公开公正的方式张贴在村落公布栏中，更好地接受群众监督。

第二，提高农民素质，培养新型农民。基层的民主是农民的民主，它关注的应该是“人”。作为主体的农民，他们自身的素质应该有所提高。社会和家庭多方位配合，培养农民独立的自主意识，即现代公民意识。

（2）将农民参政纳入制度化、机制化轨道。

第一，不断完善现有的政治制度，让农民可以广泛参与进来。依法惩治乡村贿选行为，严厉打击乡村的恶势力，让自治制度的优越性发挥出来；完善信访制度，打通农民的上访渠道。

第二，扭转农民的传统意识，培育农民良好的参政习惯。帮助农民树立正确的参政动机，加强培养农民的法律意识，丰富农民参与政治的相关基础知识。

第三，要密切农村干部和群众间的关系。只有干部引导群众致富，改善民生，才能改善干群关系。

（3）主动培养农民的组织意识。农民是否形成了较强的组织意识会直接影响到村民自治制度的建设情况、应用情况。乡村组织如今被赋予了更多的权力，可以真正发挥出更大的作用。在乡村组织的积极作用下，乡村活动空间将会逐渐扩大，活动也会更加自由。

（4）基层政府和村民组织二者的关系需要厘清。村委会应该根据法律法规的要求行使自身的权利，基层政府也要承担自身职责，为农户提供更优质的公共服务，做好乡村发展的整体规划工作，着重推进乡村精神文明的建设。在开展各项工作的过程中，基层政府不可以越权，不可以滥用职权，基层政府和村委会应该明确划分彼此的权利界限。各个地区在制定法律法规的时候，需要考虑到本地区的具体状况。

3.乡村的文化制度建设

第一，投入更多的物质资源，把中性文化当成文化制度建设的工具。中性文化处于先进文化和落后文化中间，依托日常生活存在，它的意识形态色彩并不十分鲜明，包括物质表现形式和精神表现形式，乡村文化就属于中性文化，具有中性文化的两种表现形式。乡村发展以及建设需要依托物质资源，在乡村开展文化建设时，需要充分借助中性文化作为建设载体，这样才能激活乡村文化。

第二，文化发展应该联合经济发展。经济和文化之间可以彼此带动、彼此促进。

第三，文化发展必须始终以社会主义先进文化为指导。在社会主义市场经济发展的情况下，乡村文化也随之发展，并且形成了乡村文化市场。乡村文化市场在发展的过程中，必须始终把握好社会主义发展方向，必须始终走社会主义发展道路。有一些乡村文化市场在发展的过程中慢慢枯萎，正是因为它没有提供农户需要的优质文化产品。政府需要充分发挥协调作用、指导作用，在政府的推动约束下，农户的素质会得到有效提高，农户的文化人格也会得到更好的塑造。

社会主义市场经济制度体现出了平等、法治、竞争以及开放等特点，在这样的经济制度下，资源可以充分配置、优化配置。乡村文化市场的发展必须始终坚持社会主义市场经济制度，必须慢慢地扩大开放力度，既要做到对内开放也要做到对外开放。对内开放要求将本土市场当中的资源充分地挖掘出来，并且运用营销手段不断地拓宽本土市场的范围。对外开放指的是在以本土资源为前提的基础上，吸收其他省份或者其他国家的优秀文化资源。对于乡村地区来讲，对外来文化的借鉴和吸收是相对困难的，因为乡村地区地理位置不优越，经济水平也比较低。所以，当下乡村文化市场在向外拓展的时候需要考虑更多，需要解决更多的困难。如云南省文化厅在向外拓宽乡村文化市场的时候，使用了举办艺术节的方式，此种方式为乡村文化市场带来了一定的经济收益，也创造了一定的社会效益。

二、乡村文化中的农业科技发展

中国是古代农业发源地之一，早期农业生产工具还不够先进。通过各地出土的文物可以看出，当时主要是利用磨制石器工具为主，骨头、动物角、木头、蚌壳等武器也十分盛行，主要有以下形式：石质斧头用于开辟耕地和松土整地，必要时还用于砍伐树木；石耜、骨耜、石铲主要用于耕地和松土；石刀、蚌刀、石镰、蚌镰、骨镰主要进行收割。除此之外，石磨盘、石臼等日常生产工具也很常见。

从战国开始，经秦、汉、魏、晋至南北朝，铁具和牛耕的推广是农业生产工具和动力的主要特点。铁器农具的普遍使用衍生出许多新式工具，铁锸、铁铧、耙、耧车等工具的出现使耕作方式迎来了技术革新。人们一改传统的人力，开始广泛运用更为先进的畜力、风力和水力，使农业获得了里程碑式的发展。与此同时，水利建设逐渐达到高潮，一批大型的水利灌溉工程相继兴建；耕作制度则由休闲制转为连作制，形成农业生产的主要耕作制度，并创造了轮作倒茬方式；农业技术有了很大发展，主要表现为形成了“一条龙”的耕作措施，其中为了抵抗天灾人祸，运用耕、耙、耢等工具进行平整土地、抗旱保墒成为最突出的成就；人工施肥和选种技术有了较大进步，培育出众多的作物品种；孕育出《齐民要术》[①]这样代表当时世界农学最高水平的名著。我国古代整个农业社会经济和农业生产方式也因农业工具、技术和动力的革新有了重大改观。

---

①《齐民要术》是中国农学家贾思勰所著的一部综合性农学著作，也是世界农学史上最早的专著之一。该书系统地总结了六世纪以前黄河中下游地区劳动人民农牧业生产经验、食品的加工与贮藏、野生植物的利用以及治荒的方法，详细介绍了季节、气候和不同土壤与不同农作物的关系。

隋、唐、宋、辽、夏、金、元诸代，农业工具继续有重大的发展。在传统农具的基础上，出现了曲辕犁、铁搭、耘荡、龙骨车等基本农具和粪耧、推镰、水转连磨等高效农具。这类农具的出现使得传统农业几近完善，它们可以广泛应用于旱地和水田，同时也提高了耕作效率和农产品的产量。

农具的改进更拓宽了土地的利用方式，集约利用土地、高产量的精耕细作，使农业技术迅速发展起来，耕作方式更为细致深入。为了适应精耕细作，套耕、转耕等高效耕作方法应运而生。生产工具和劳动技术的不断提高，使得肥料的种类、酿造、施用也在发展，种子选育、栽培方法和作物构成不断丰富，几乎达到传统农业所能达到的极限。同时，地方品种大量涌现，外来作物的积极引进，使得我国农作物的品种进一步增加，高产水稻的优势进一步加强。

三、乡村文化中的方言与文学

（一）乡村文化中的方言

语言是人们交流的工具，是思维的载体。我国幅员辽阔，除了被广泛用于交际的普通话之外，农民之间交流多使用方言。我国乡村各种不同的方言分布区域很广，一般研究者将现代汉语分为七大方言。

1.北方方言

北方方言以北京话为代表，是现代汉民族共同语的基础方言，具有一致性的特点。北方方言分布地域极广，又分为江淮方言、西南方言、西北方言和华北东北方言四个次方言。江淮方言区，包括安徽、江苏的长江以北地区（徐州、蚌埠一带除外），镇江以西九江以东的长江南岸沿江一带；西南方言区，包括四川、云南、贵州等省及湖北大部分（东南角咸宁地区除外），广西西北部、湖南西北角等地区；西北方言区，包括陕西、甘肃等省和青海、宁夏、内蒙古的一部分地区，新疆汉族也使用北方方言；华北东北方言区，包括京津两市，河北、山西、河南、山东、辽宁、吉林、黑龙江，还有内蒙古的一部分地区。现在全国推行的普通话就是在北京方言的基础上发展起来的，是我国使用人口最多的方言。

2. 吴方言

吴方言又称“江东话”“江南话”“吴越语”，起源于至今三千多年前的周朝，为吴越文化之根基。

吴方言即分布于江苏南部、浙江绝大部分、上海和安徽南部部分地区、江西东北部、福建一角的语言。吴语内部又划分为六个地区，即太湖片（北部吴语，分布于苏南、上海及浙江湖州、杭州、绍兴、宁波一带，以上海话、苏州话或绍兴话为代表），台州片（浙江台州一带），婺州片（浙江金华一带），处衢片（浙江衢州、丽水一带），瓯江片（浙江温州一带），宣州片（安徽南部部分地区）。其中安徽西南部和浙江西部、浙江南部受赣方言影响，保留了较多古代百越话的特征，以致不能和作为典型吴语的太湖片通话。

3. 客家方言

客家方言主要流传于我国南部地区的客家族，其中以梅县话最为典型。客家话分布于广东东部及北部、福建西部、江西南部、广西东南部、台湾、四川等地，尽管地区跨度大，但我国使用客家话的人数并不多，因为这是一种由北方人南下时带来的外来口音，使得客家话的本土气息长时间受外来影响。相传客家方言在南宋时期便已初步定型，但直到20世纪才被官方定为客语。

4. 闽南方言

闽南方言在我国沿海一带较为常见，比如我国的福建、台湾、海南等地。不仅如此，连一些东南亚国家都使用这种语言。而这种方言又根据使用者的不同而分为多种讲话方式，福州地区代表闽东，厦门和台湾则代表闽南。

5. 粤方言

粤方言取自广东省的简称“粤”字，因此主要为广东人的通用语言，当地人也称之为“白话”。除此之外，广东省邻近地区如以珠江三角洲为中心的广西壮族自治区、香港、澳门和海外华人等也广泛使用粤语。粤语声调非常复杂，共有9个声调。理论上来讲，普通话是广东地区的唯一官方语言，但因粤语的深厚根基和文化传承，粤方言也破例作为准官方语言。

6.湘方言

湘语是湖南省的主体方言，它分为新湘语和旧湘语：新湘语包括岳阳话、益阳话、株洲话、湘潭话等，其中以长沙话最为典型，受官方语言和赣语言的影响较大；而旧湘语包括衡阳话、湘乡话、邵阳话等，以双峰话为代表，主要分布在衡阳、湘乡一带，新湘语更接近于北方话。

7.赣方言

赣方言又名江西话，以南昌话为代表，主要用于江西及湖南靠近江西的地区，如浏阳、平江、茶陵等地；另在浙江、陕西等地还存在少数赣语方言岛。赣方言可分为九片方言，主要有北部地区的南昌话、东部地区的鹰潭话、中部地区的抚州话、西部地区的宜春话、西南部地区的吉安话等，其内部各方言之间互通程度较高。赣方言一般有4～7个声调，其中南昌话共有19个声母，67个韵母，韵母又分为“开韵尾”“闭韵尾”和“促韵尾”。江西其他地区有的为客家话，不属于赣方言。

（二）乡村文化中的文学

乡村文学是指从事农业生产劳动的广大人民群众创作的脍炙人口的作品。它产生、传播在广大乡村和农民中间，按照体裁可以归结为三大类：一是传统的民间故事，其中包括神话传说、寓言故事、俗语等脍炙人口作品；二是民间所作的诗歌、歌谣、谚语等具有韵律的作品；三是民间最为广泛传播的戏曲，不仅仅包括戏剧，还包括评戏、大鼓、三弦等艺术形式。

1.神话

神话主要保留在《山海经》《淮南子》《列子》《楚辞·天问》等典籍中，内容主要包括：

（1）创世神话。在我国的神话体系中，盘古是创造天地宇宙的神，世界上各个国家对此都有着相似的神话传说。相传在很久之前盘古生于天地之中，天每日升高一丈，地每日变厚一丈，如此许多年之后，天地开始形成。这是一个典型的创世神话。

（2）始祖神话。有关人类起源的神话，首推女娲的故事。女娲造人在我国是妇孺皆知的神话故事。传说女娲生于天地之间，感觉大地缺少生机，于是开始抟土造人。这个故事流行于母系社会中，描述的是女娲抟土造人的伟大功绩。这是对女性延续种族的肯定，也是对女性社会地位的一种肯定。

（3）洪水神话。中国传统神话中著名的大禹治水的故事可谓是家喻户晓，这也是洪水神话的开端。

（4）发明创造神话。这时候的神话故事，一般来源于新石器时代的后期，故事多半是以人类为主角，表达了人类在战胜大自然这一方面的丰功伟绩。

比较著名的故事有仓颉造字、神农尝百草、燧人取火、夸父追日、精卫填海等。这些神话故事都表达了人类的英勇的个性和勇气，显示了人类的美好品质，或表达了与大自然抗争的不屈不挠的精神，是人类寄情于神话故事的美好祝愿。

2. 童话

童话是流传于民间的儿童故事，富于幻想、内容单纯直白、人物善恶分明、情节曲折起伏，引人入胜。

3. 生活故事

传统生活故事多取材于日常的生活中，故事流传较广，它不一定具有十分清晰的历史背景，故事多半是经过二次加工的或者完全虚构的，常常是“有个人”“有兄弟俩”“有个财主”，或者就是“哥哥”“弟弟”“王小”“张大”等。它的时间多不确定，可以是“古时候”“从前”等。传统生活故事主要有长工与地主的故事、官和民的故事、劳动故事、家庭故事、爱情故事。

4. 寓言故事

寓言就是哲理故事。寓言一般篇幅较短，情节单纯，描写线条较粗，富有哲理性。如《拔苗助长》《朝三暮四》《愚公移山》《亡羊补牢》《掩耳盗铃》《寒号鸟》《画蛇添足》《狐假虎威》《鹬蚌相争》《塞翁失马》等。

5. 歌谣

歌谣不似诗词那般是经过仔细推敲后创作的，它带有很大的随意性，往往是人们灵感来袭时口头创作的表达个人想法和情感的短篇韵文作品。其中可以和着曲调唱出来的叫作歌，不唱的叫谣。自古代以来就有各种不同的民歌在各地传唱开来，例如，四川邛州的“秧歌”，江南吴地的“山歌”“掉歌”，湖南衡山的“采茶歌”，广东潮州的“秧歌”，南雄、长乐等地妇女中秋拜月时唱的“踏月歌”“月歌”，广西壮族的“痕花肷”，侗族的“琵琶歌”等。这些地地道道的民歌都反映了广大人民群众的心声，表现了人民的日常生活。民歌大都是一些优美的抒情歌曲，如明代吴地山歌《月上》。

6. 谚语

谚语同歌谣出处一样，是人们口头传诵而出；谚语与歌谣不同之处在于谚语一般具有哲理性和实用性，它往往用简单通俗的固定语句来反映自然规律或深刻哲理。农民在生产生活过程中总结出来的有关农业天气的谚语非常多，很有价值。

7. 绕口令、谜语

绕口令将声、韵、调极易混淆的字交叉重叠，编成句子，说快了容易出错，是一种表现民间情趣的艺术样式。

谜语起源于古代的隐语和度辞。“谜语”的命名始于明代，组织者在灯上粘贴谜条供人们去猜，因此又叫作“灯谜”。反映农业生产生活的谜语更是广为流传。

8. 快板和快书

快板别称“数来宝”“顺口溜”“流口辙”“练子嘴”，是一种源自宋代的传统说唱艺术，属于我国曲艺的韵诵类曲种。快书是在快板的基础上发展起来的，二者属于同一大类中的两小类。

快板和快书以节奏感极强的说唱或诵读方式进行表演，并且其词曲均为规整平齐的韵文；二者区别最突出之处在于其曲调、节奏、方言和词曲内容不同。具体来讲，快板仅表演富有哲理性或抒情性的节目，其词曲平仄有别、偶有押韵，称为“花辙”；快书则表演塑造典型人物形象之类故事性极强的节目，并且词曲往往每一回目一韵到底，这与快板相比结构更为严谨，同时又更有曲艺韵味。

快板和快书按照流行区域、方言变换、道具使用和说唱风格的不同又分为许多曲种，其中山东的竹板书最为著名，上海的锣鼓书和天津的快板书等也十分优秀。

9.大鼓曲词

大鼓是中国传统曲艺中的一个重要类别，而曲词是戏剧人物的语言，也叫“曲辞”。大鼓通常在曲词的配合下出现在曲艺舞台上，包括大鼓、渔鼓、坠子、琴书、时调小曲、牌子曲等，音乐唱腔是区别不同大鼓曲种的重要标志。大鼓是把文学、音乐、表演三种因素相结合的传统说唱艺术，以文学说唱为主；鼓词是唱出来的叙事诗，是一种优美的说唱诗。鼓词以民歌、故事、话本等材料为基础并加以发展，有人物有故事、有抒情有叙事，更像是唱出来的故事，配合着大鼓曲调，吸引人又通俗易懂。鼓词也可以脱离大鼓口头演唱，但一定要同唐诗宋词一般讲究平仄押韵，两句相对，对偶工整。

四、乡村文化中的乡村饮食与建筑

（一）乡村饮食

饮食，是极为重要的事。这是人类生存和发展的重要基础，也是人类改造身体素质的有效途径。饮食文化指人类从饮食实践中得到的关于食品来源和食品生产等领域反馈出来的一种意识形态的总成。在汉族乡村，主要是以粮食作物为主食，动植物制品作为副食的饮食方式。在长期社会发展中培养成一天吃三顿饭的习惯。乡村饮食搭配具有相似性，也具有差异性，主要是由不同地理条件、气候条件、经济发展状况等共同决定。

第一，主食。主要有米食和面食两种乡村主食，采用何种主食主要是看当地种植的作物是稻类农作物还是小麦农作物，稻类农作物区以米食为主，小麦农作物区以面食为主。除此之外，部分地区以高粱、玉米、薯类作物等杂粮为主食。

第二，菜肴。乡村菜肴有很多种类，同时也受很多方面因素影响。其一，不同地区原材料是不同的，各具特色。比如，北方地区山林中的各种野味，东部沿海地区的各种海鲜海味。其二，不同的口味和生活环境也会对菜肴类型产生影响。“东酸西辣”“南甜北咸”是人们通俗意义上对菜品种类的大致概括，尽管并不完全贴合实际，但也在一定意义上体现出在地域影响下的口味差别。其三，不同地域的烹调方式，包含调味、配料、火候、刀工、烹调技术等的不同特色，造成了各地菜肴的不同。各种具有地域特色的民间菜肴口味在发展中慢慢形成独特的地域菜肴种类，最终发展出代表性的四大菜系，也就是鲁菜、川菜、粤菜、淮扬菜，四大菜系将多样化的汉族饮食发扬光大。

第三，饮料。茶文化和酒文化在我国都有悠久的历史，也是长久以来乡村饮食中重要的组成部分。中国是茶叶之乡，也是最早拥有酿造技术的国家之一。一直以来，汉族品茶、爱茶，农民喝茶不仅可以解渴、解乏，还可以放松劳动过后紧张的神经。中国的酿酒技术种类繁多，历史悠久，多种名酒驰名世界。黄酒就是世界上历史最为久远的一种酒类，由中国人始创于商周时期，距今已有三千多年历史，采取酒曲复式发酵法进行制造。在宋朝时期，中国人还发明了蒸馏法酿造白酒。

第四，饮食中的信仰、禁忌。乡村地区正月初一、初二、初三有忌生风俗，所有食物要在年前煮熟，这三天时间只需加热即可，人们认为熟的食物能带来顺利，生的食物会带来不好的东西。所以，在有些地方，过年之前需要将所有东西准备好，在这三天之内也不允许使用刀具等。

（二）乡村建筑

乡村的建筑，不仅包括人们熟知的民居，即住宅，还有寺庙、祠堂、书院、商店、村楼、戏楼、牌坊、寨门、桥、亭等类型的建筑。

1.民居

由于地理环境、气候因素、历史沿革、人文情怀等因素不同，我国各个地区的民居大不相同，呈现出多样化的特点。一般来讲，汉民族地区的民居的主流是以中轴对称方式布局的规整式住宅，其中以北京的四合院最为典型。1986年4月至1991年4月我国发行的《中国民居》普通邮票，展示了从东北到江南，从青藏高原到中国台湾各民族具有代表性的民居。

（1）北京。北京四合院是老北京乃至北方民居的主要建筑形式。因为这种民居形似一个“口”字，由正房、倒座和东西厢房四面围合，中心是露天庭院，故称为四合院。四合院是封闭式住宅，大门开在一角，关起门来自成天地，具有很强的私密性，非常适合独家居住。四合院院落宽敞，四面房屋各自独立，彼此之间有游廊连接，起居十分方便，因此在老北京时代通常有几家几户同住一座四合院的现象。庭院中可种植花草，轻松惬意、宁静典雅。

（2）上海。说到上海民居，自然就想到石库门。石库门住宅脱胎于中国传统的四合院，由于这类民居的出入口都选用石料作门框，故称为“石库门”。石库门多为砖木砌成的二层楼房，它最典型的特征是中西合璧。内部有着北方传统的三合院或四合院形式，外部的联排式布局和雕花图案却来自欧洲，最为独特之处还在于平台转角处的“亭子间”。这与上海早期的经济政治形势密不可分，直到现在，上海的建筑仍具有多样化的中西方风格。

（3）安徽。安徽民居一定程度上融合了湖南与北京的民居特点。因傍山靠水且地狭人稠，安徽的街巷都极为狭窄，邻里屋舍仅能隔出一个屋檐，狭窄的邻里屋舍两山墙都是高七八米的“防火墙”，因地势起伏变化的原因，房屋高低错落，故被称为“五山屏墙”。正因如此，才有后来的

“六尺巷”。安徽住宅一般为二层楼的三合院，中间设有天井，类似于北京的四合院。房屋多为木砖材质，上有精美雕花。

（4）陕北。陕北地区位于千沟万壑、支离破碎的黄土高原，水土流失严重且大部分为厚层黄土和石质山地。人们在土崖面挖出窑洞作为居住地，一来房屋比较坚固且可以防止风沙，二来也可以起到保暖的作用。窑洞横向排列，洞顶呈圆拱形，一般修三孔或五孔，用石灰涂抹使它显得干爽亮堂。窑洞内屋倒炕靠窗，外屋锅台待客；若为单间则隔中划分，一半起居，一半灶台。门用砖砌成拱形，上窗下门，再覆土以保温。

（5）四川。四川盆地依山傍水，错落有致，民居多依地形就势而建，在融南汇北的基础上自成一派，因而建筑采用石、砖、木、竹等多种材料，具有多重风格。四川民居由远古的干栏式建筑演变而成，其中吊脚楼是川东地区的典型民居。现在，大部分四川民居以平方瓦顶、四合头、大出檐等为主要形式，具有很强的灵活性。

（6）浙江。浙江民居十分庄严肃穆，不仅讲究严整对称的格局，而且大量运用雕刻、彩画等装饰房屋，以此来显示主人的社会地位。而对于平常人家来说，并不强求完全对称，天井和房屋规模都比较小。共通的是，无论大小民居都是以厅堂为中心，东西两厢为卧室，巧妙运用连续、重复、交错等建筑手法，使房屋看起来轻巧活泼而又不失庄严。

（7）青海。青海是多民族聚集区。因其丰富的建筑材料和独具特色的少数民族文化，使得青海民居的装饰不失富丽堂皇与典雅。房屋多为平顶，结构类似三合院，前出廊，中间为通堂；多修成二、三层，底层为大厅和厨房，二、三层设有楼台栏杆用于居住。同时受藏族影响，院墙为红色且屋顶四角放置白石头。

（8）内蒙古。由于特殊的地理环境和游牧文化，内蒙古居民的住宅一般使用蒙古包。蒙古包，顾名思义呈“包子”形状，用木条搭建出稳固的形状，再覆盖防潮防风的毛毡，顶部和四周开有窗户以通风采光。蒙古包的一大特性是方便拆卸，可以根据人们的意愿随时拆卸移动和搭建，这也是游牧文化的一大文明成果。

（9）西藏。西藏地区地广人稀，资源分布不集中，因此衍生出了农民民居和牧民民居两种形式。西藏碉房多为石木结构，受气候影响墙体较厚且十分坚固。由于房屋均为平顶且大多高2.5米，因此看起来十分整齐划一，房屋的装饰也是统一的门窗上端拱斗作檐，地域和民族特色十分鲜明。

（10）江苏。素有“东方威尼斯”之称的江苏河网密布，地势平坦开阔，人们傍水而居，房屋依水而建，人与自然的微妙关系在水乡的柔情中完美契合。青砖黛瓦，玲珑剔透的建筑风格，铸就了细腻温情的水乡文化。江苏民居院落中多设天井来改善湿热的天气，与西藏地区的厚墙低房不同，江苏民居的墙壁和屋顶较薄，有宽敞的走廊和房间。

（11）山东。山东民居具有部分东北地区的住房特征，四合院、海草房、牟氏庄园、石屋、船房、土坯房等融合了东北地区多种建筑形式。纯朴的山东居民通常就地取材，以石垒墙、以土筑房、以草覆顶。为防止海风，海草屋顶上覆有绳网；石屋为了保暖通常在屋顶覆一层泥土。

（12）云南。云南省是我国少数民族聚居最多的省份，加之特殊的喀斯特地貌，云南民居的多样化胜于山东，其中比较著名的有傣族竹楼、壮族吊脚楼、哈尼族蘑菇房、藏族土掌房等，“七彩云南”的魅力在各族灿烂的文化交融中体现得淋漓尽致。值得一提的是西双版纳的傣族竹楼，以竹子为骨架，楼下一层四周架空用以养畜或放置杂物，楼上一层用于居住。防潮是竹楼修建的主要目的。

（13）宁夏。宁夏地处西北内陆，因降水少屋顶坡度小，也有部分平顶房。宁夏民居呈“凹”字形，中间缩进，两侧突出，又被称为“虎包头”形式。院内以实用功能为首，并不注重形式感，多一面或两面建房；房屋依山而筑，左右两侧筑档土墙防止山体垮塌，屋面仅有前后两坡，通常称其为“崖窑”“箍窑”。

（14）贵州。贵州毗邻云南，又与广西、四川、重庆、湖南接壤，具有“大杂居，小聚居”的特点。受地形和建筑材料影响，房屋为木质结构，“三开间，四进深”的三层住房和邻近地区类似。底层养畜和放置杂物，二层设有堂屋，两侧用于子女居住，三层的阁楼则作为储藏室，每家每户都有一个大阳台。贵州民居架空而楼居以解决防潮、通风等问题，同时建筑看起来虚实结合，具有鲜明的民族特色。

（15）江西。江西是一个富有历史和优秀文化传统的省份，民居沿袭明代“三间五架”的建筑风格，有些保存完好的民居最早可追溯到明朝中后期。江西民居采用天井式类型，院落与天井构成“n”“H”“目”或“日”字形，使整体看起来庄严肃穆，厅堂高大且宽敞，阁楼整齐而划一。堂屋作为全家的活动区域，堂屋前设有轩廊，左右还设厢房，整体布局严整。

2. 戏楼

戏楼又叫戏台，是供演戏用的建筑，是中国传统戏曲舞台，具有多种类型。根据不同的历史发展时期，戏楼展现出不同特点、规模和样式。最早的演出场地是广场、大厅、露天舞台等。随着时代发展，庙宇、茶楼、戏园和剧场等发展起来，更有流动性戏台，能够随时移动。这些戏台遍布乡村和城市各个角落，在平原和山区也都十分常见，只要有人的地方就能够看到不同规模、不同样式、不同档次的戏楼。戏楼一般三面敞开，一面留作后台，舞台台面空间简单，但外延空间较大。

3. 牌坊

牌坊是古代官方的称呼，乡村俗称它为牌楼。牌坊在周朝的时候就已经存在了。最初的牌坊指的是门，后来历经朝代更迭，到唐宋时期发生了质的变化。商品经济开始发展时期，政府将城严格划分为居住区和商业区。商业区被称为“市”，市后来逐渐衍生为“城市”；而居住区被称作“坊”，即人们的居住空间。它们之间都有墙隔着，中间设有门，以方便平时的往来，后来拆除了坊墙，坊门逐渐演变成了独立建筑物牌坊。这些牌坊的形制并不是固定不变的，南北方来说就有很大的不同。南方的牌坊总的来说比较小巧精细，比较有特色的是安徽、江苏和广西的牌坊；由于我国的主要几个朝代的都城都建在北京，所以北京的牌坊多受到皇家的影响，呈现出大方、气派的气质，显得十分庄重。

牌坊主要有以下分类：按照建筑材料来分，有木质的、石质的、砖质的、水泥质地的；按照功能来分，这些牌坊分为贞节牌坊、功德牌坊、孝子牌坊、名门望族牌坊、长寿牌坊、府衙官府牌坊、祭祀祠堂牌坊、地名牌坊、寺庙牌坊、历史纪念牌坊、名胜古迹牌坊、书堂学院牌坊、文物庙牌坊、忠正牌坊、乐善好施牌坊、陵墓寺庙牌坊等。这些牌坊主要的目的就是褒奖嘉奖、纪念故去、装饰粉饰、引导教化或炫耀。在古代，立牌坊是一件极其重要的事情，需要各方面的积极支持。牌坊多制作精美，常常在牌坊上雕刻各种图案和花纹。

五、乡村文化中的歌舞与工艺美术

（一）乡村歌舞

1.秧歌

秧歌是中国北方一种群众性较强的舞蹈类型，在不同地域有不同的舞蹈形式和称谓。乡村秧歌主要有两种："高跷秧歌"和"地秧歌"。前者主要用踩跷形式表演，现在人们所说的秧歌多为第二种形式——地秧歌。

秧歌在现代社会主要以团队形式出现，有的秧歌团队成员多达上百人；舞种有单人舞、双人舞、三人舞等形式。表演时，演员手上道具主要有手绢、鼓、钱鞭等，伴奏乐器主要是锣鼓和唢呐。秧歌在全国各地有不同的形式和动作，具有较大差异性，有的柔美，有的威武，具有独特的美感。

（1）河北昌黎地秧歌。昌黎地秧歌最早产生于元代，主要分布在以河北昌黎为代表的卢龙、抚宁、滦县等地，它生动形象地反映了当地民众的生活特征和精神风貌，是河北省最具代表性的民间舞种之一。从形式上来看，"排街秧歌"和"场子秧歌"是它的两大主要流派；从内容上来看，分为无固定情节的"平秧歌"和内容自由的"秧歌出子"。昌黎秧歌又与当地的歌舞、小戏联系紧密，三者在相互融合中发挥着各自的优势，使得昌黎秧歌富有形式活泼、内容丰富、戏剧角色化和行当化的特征，深刻地表现了人物的情感和性格。

（2）山东鼓子秧歌。鼓子秧歌源于北宋、成于明、盛于清，分布在今山东鲁北平原的商河地区，是山东三大秧歌之一。

（3）山东胶州秧歌。胶州秧歌的角色、基本动作、表演程序和跑场队形具有极强的复杂性、专业性和严谨性。胶州秧歌也因此具有独特韵味，被列入第一批国家级非物质文化遗产名录。

（4）山东海阳大秧歌。海阳大秧歌同“鼓子秧歌”“胶州秧歌”并列为山东三大秧歌。海阳大秧歌队伍结构分为执事、乐队、舞队三类，每一类的角色多达十余种。其内容丰富，结构严谨。秧歌队的阵势多种多样，最为常见的是“龙盘尾”“二龙绞柱”“三鱼争头”“众星捧月”等。海阳秧歌的舞蹈极具特点，它要求舞者在舞台上奔跑时要结合扭腰的方式来完成舞蹈动作，对于女性舞者来说，在跳秧歌时要边扭腰边摇扇，肩部要有所抖动，显得活泼；对于男性舞者来说，步伐采用颤动式，同时摇头晃脑，显得风趣。这款舞蹈不仅体现了海阳人民的集体智慧和创新精神，也展现了海阳乡村百姓的精神风貌和性格特征。

2. 地方戏

戏曲是集文学、音乐、舞蹈、美术、武术、杂技等表演艺术于一身的传统戏剧形式。戏曲在不同地区有着不同的发展，因而成为地方戏。地方戏历史悠久，早在原始社会已有萌芽，在漫长发展的过程中，人们不断赋予其新的内涵和生命，在不断的改革与丰富中逐渐形成比较完整的艺术体系。

地方戏最大的特色在于它不同声腔系统的唱腔，地域和文化的差异使得地方戏极具多样性，“地方”二字便可看出这是它的显著特征。尽管地方戏种类繁多冗杂，但按照内容和表演形式可划分为说唱、滑稽戏、民间歌舞三种形式。不同的音乐唱腔以当地的语言、民歌和民间音乐为本源，吸收融入其他地区音乐的优良之处而产生，是一个兼容并包的过程，因而有些相邻地区的音乐具有相似性。而在各个剧中，人物大部分由“生、旦、净、末、丑”等为主的角色行当充任，这与我国的京剧又有着些许相似之处；在表演上着重用虚拟的空间和“程式性动作”来展示生活；对表演者来说，舞蹈要体现出艺术性，技术性很高。

我国的地方戏种有：京剧、北方昆曲、评剧、北京曲剧、河北梆子（北京、天津、河北），豫剧、河南曲剧、河南花鼓戏（河南），晋剧、蒲剧、山西北路梆子、上党梆子（山西），吕剧、山东梆子、柳琴戏（山东），徽剧、黄梅戏、庐剧、泗洲戏、皖南花鼓戏、淮北花鼓戏（安徽），赣剧、南昌采茶戏、宜黄戏、九江青阳腔（江西），沪剧、昆剧、锡剧、淮剧、扬剧、越剧、滑稽戏（上海、江苏），越剧、绍剧、婺剧、甬剧（浙江），汉剧、楚剧、花鼓戏（湖北），湘剧、祁剧、长河剧、花鼓戏、湘昆（湖南），秦腔、眉户剧、碗碗腔、延安秧歌剧（陕西），川剧、四川曲剧（重庆、四川），闽剧、莆仙戏、梨园戏、高甲戏、芗剧、潮剧（福建），粤剧、潮剧、广东汉剧、正字戏、西秦式、白字戏、雷剧、山歌剧、花朝戏、乐昌采茶戏（广东），桂剧、邕剧、广西采茶戏、壮剧（广西），琼剧（海南），满族戏、二人转（内蒙古），龙江剧、二人转（黑龙江），吉剧、黄龙戏（吉林），二人转、辽南戏、凌源影调戏、阜新蒙古剧（辽宁），陇剧、安多藏戏（甘肃），青海平弦戏（青海），花儿剧（宁夏），新疆曲子（新疆），黔剧、贵州花灯戏、贵州梆子、安顺地戏、贵州侗剧、黔东傩戏（贵州），云南花灯戏、白剧、昆明曲剧、壮剧（云南），藏戏（西藏），歌仔戏（台湾）。

3. 皮影戏

皮影戏最早诞生在两千多年前的西汉，流行于陕西地区，在唐宋时期已趋于成熟，并在清代极为盛行，随着历史发展，逐渐流行于河北地区。皮影戏即用皮革制成的人物或道具剪影，利用投影的光、色与音乐相互配合，再现故事情节的表演形式，因而也称“影子戏”“灯影戏”。制造皮影的皮革多以牛皮和驴皮为主，上色以红、黄、青、绿、黑五种纯色的透明颜料为主，这使得皮影具有很强的坚固性和透明性，不仅使投射到幕布上的剪影显得晶莹剔透，更延长了皮影的使用寿命。皮影人物与京剧有相似的服装风格和角色分类，因为皮影设备十分轻便，表演者阵容小，往往一个戏班子六七个人就能演出几十部戏，所以表演班子的流动性极强，其演出场地也可随时随地搭建，通常在人流量大的剧场、大厅、广场、庭院、学校乃至街头都能瞧见它的身影。早期皮影戏是随军的一种娱乐形式，其全部行头装箱就走，辗转十分便捷，这也是它广为流传的原因所在。皮影戏对表演者的技艺有很高的要求，在演皮影戏时，表演者要同时控制多个影人，并且还要跟音乐相匹配，不能出现动作不连贯、僵硬的情况，还要考虑到情节变动和旁白等。因此，学习皮影戏是一个极其艰难的过程，往往技艺高超的皮影表演者是经验丰富的中年人甚至年老之人。

皮影戏的内容上到神话寓言、下到民间传说，左到武侠公案、右到爱情故事，古到历史演义、今到时装现代，无所不奇，无所不有。当代皮影戏发展迅速，在2006年已被列入第一批国家级非物质文化遗产名录，并于2011年成功申请世界人类非物质文化遗产，如今的皮影戏早已面向世界开创了新的发展方向和途径。

（二）乡村工艺美术

乡村工艺美术隶属于艺术、人民和乡村，是农民艺人在长期的文化积淀和社会实践中从自己的视角和审美出发，就地取材进行手工创作的工艺美术品。它是乡村文化的瑰宝，是劳动人民智慧的结晶，具有悠久的历史渊源和丰富的东方文化内涵。我国传统乡村工艺美术种类繁多，成就显著，包括剪纸、刺绣、石刻、脸谱、蜡雕、草编、粘贴艺术、花灯、纸扎、艺术壁画、农民画、风筝等多个种类。

1.剪纸

剪纸即用剪刀将各色纸张通过重叠、对称、镜像等巧妙手法剪成各式各样的图案，人们通常将剪纸贴在门、窗、墙或者灯上，因此剪纸别称窗花、门笺、顶棚花、花灯等。剪纸不仅起到装饰的作用，在节日或婚礼、寿辰时还可渲染节日氛围，其中最为著名的便是红双喜、寿字、福字。在过去剪纸盛行的年代，同“女红”一般，在女子幼时便由母亲传授，这几乎是乡村每个女孩必备的技能。早期都由妇女和姑娘们学习剪纸，后来也渐渐有男性接触，有的还以剪纸手艺谋生。

剪纸的内容范围极广，因而寓意十分丰富。例如：喜花是结婚时布置新房时用的，通常会张贴在室内的家具、器物和墙上；寿花是在过生日时张贴的；而丧花是在有人去世时张贴。在北方乡村，每逢过年，一旦窗上新糊了雪白的窗纸通常会贴上花花绿绿的窗花，门顶贴上门笺烘托出过年的喜庆；元宵节时，灯笼上必贴灯花。除此之外还有墙花和顶棚花，分别贴在房间的内墙和屋顶。这些装饰大多起到一个增强气氛的作用，同我们现在的丝带、彩灯、气球等装饰物品功能一致。

剪纸作为一项民间艺术，因其来自民间，所以同其他民间艺术一样具有很强的地域性。剪纸不局限于剪窗花，还可用于制作绣花的花样和送礼时的装饰，可谓是一种实用的民间艺术，受到各个阶层人民的喜爱。可以说，剪纸艺术是民间美术的剪影，是人类美学史上的一次飞跃。

2. 刺绣

刺绣①，以绣针引彩线（丝、绒、线），按设计的花样，在织物（丝绸、布帛）上刺缀运针，以绣迹构成纹样或文字。绣品可用于装饰日常服装、歌舞或戏曲服饰、台布、枕套、靠垫等生活日用品及屏风、壁挂等陈设品。刺绣在古代称“黹”“针黹”，后因刺绣多为妇女所作，故又名“女红”。早在战国时期和两汉时期，在我国现如今的湖南和湖北就出现了高质量的刺绣作品；到了唐宋时期，刺绣运用于书画、装饰品等方面；明清时期，由于统治者重视，宫廷绣的规模空前巨大，民间刺绣质量空前提升，不仅产生了号称“四大名绣”的苏绣、粤绣、湘绣、蜀绣，还有优秀的地方绣，如顾绣、京绣、瓯绣、鲁绣、闽绣、汴绣、汉绣和苗绣等，都各具风格，沿传至今，历久不衰。刺绣的针法还分有齐针、套针、扎针、长短针、打子针、平金、戳纱等几十种，丰富多彩，各有特色。

3. 草编

草编是乡村广泛流行的一种手工艺品。它利用各地所产的草，就地取材，编成各种生活用品，如提篮、果盒、杯套、盆垫、帽子、拖鞋、枕、席等，既经济实用，又美观大方。草编不仅形式多样，成品颜色和纹样更

① 又名“针绣”，俗称“绣花”。

具艺术美。不论何种方法，草编艺术给人们带来的不仅是生活上的便利和实用，还有视觉上的享受，至今有些地区仍流传着传统草编，但大多当作工艺品。按地区分类，具有代表性的草编种类有：河北、河南、山东的麦草编，上海嘉定、广东高要、东莞的黄草编，浙江的金丝草编，湖南的龙须草编等。

4. 花灯

花灯，又叫“灯彩”，与灯笼不同的是，早期的花灯多在传统节日和婚礼寿宴等喜庆的日子悬挂，用以衬托欢乐的氛围。据研究，挂花灯来源于汉代的元宵节。人们为欢庆“元宵不禁夜”，千家万盏灯火在元宵节这一天齐点亮，万民同庆。点花灯有祝愿国家昌盛、人民安居乐业的寓意，后来笼统地将花灯叫作灯笼，成为中国人喜庆节日的象征，这一习俗也就代代相传。花灯在经过后世手艺人的完善和创新后，开创了一片新的天地。高超的制作水平、丰富的图案样式、多样的造型种类等都推动了我国花灯艺术更进一步发展，其中以宫灯和纱灯最为著名。花灯艺术完美融合了绘画、剪纸、刺绣、纸扎、蜡烛等工艺，在传统灯笼的基础上，赋予其新的活力与色彩，其材料涵盖了竹、木、麦秆、藤、兽角等，是中国古代较为成熟的工艺品。

5. 农民画

农民画即民间绘画，早期以诗配画或漫画形式表现；20世纪60年代则以写实、半写实、单线平涂的形式，配合社会主义教育运动；20世纪70年代农民画接近专业绘画，这种民间工艺美术多系农民自己制作和自我欣赏的绘画和印画，其范围包括纸马、门画、神像以及张贴于炕头、灶头和房屋山墙的吉祥图；如今的农民则在纸面上绘制乡村气息浓厚的绘画作品，逐渐形成了陕西户县、安塞，江苏邳州、六合，上海金山等地的农民画乡。

6. 风筝

风筝古时称为“鹞”，北方谓“鸢”。风筝形状多样，主要以动物和几何图案为原型，图案主要根据个人喜好而设计，例如宣传标志、蝶、飞鸟等。风筝的建造材料除了早期流行的丝绢、纸张、竹篾外，随着技术的发展，还有塑胶材料、木材及胶棒等，现在市面上流通的多为塑料制造。放风筝这一传统的民间习俗，是风行于乡里、城镇的一种群众性、自发性的娱乐活动，更是一种广泛、深入的群众性体育活动，它不仅能强身健体，而且还有利于陶冶人们的心灵。

第三节　乡村文化的功能分析

我们通过分析乡村文化的功能，来加深对乡村文化创造发展与传播的理解。

一、挖掘资源，保护生态

我国不少地区，农业仍然是主导产业，农民的文化生活与农耕习作密切相连。乡村文化是乡村地区的物质文化、精神文化和制度文化（图 1-1）在历史上形成的结构系统及其与自然地理、社会环境相辅相成、彼此依存关系的综合体现。发展文化产业是保护乡村文化生态，激活乡村文化的方式之一。

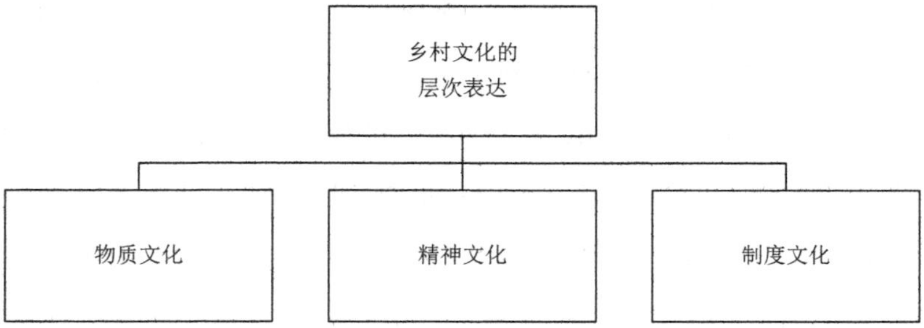

图 1-1　乡村文化的层次表达

乡村文化产业的发展中，与传统农业生产方式和价值模式契合的原生态形态的衰落，以及与现代经济发展相适应的蜕变形态的衍生，构成了乡村文化随着主流文化的价值调整而呈现出的两种不同走势。在这个过程中，乡村文化一方面在形态上发生着变化，另一方面其核心的价值观得以有生存和发展的机会。

二、调整产业结构

发展乡村文化产业，可以有效促进乡村产业结构调整，带动一二三产业共同发展。从产业要素上看，发展乡村文化产业避开了土地、资金等要素稀缺的经济发展劣势，扎根乡村却又以非农经济为主的要素组合来构筑自己的产业基础；从社会转型角度看，发展乡村文化产业为弥合二元结构的社会提供了新的契机。

传统社会向现代社会转型过程中，产生了大量的乡村剩余劳动力，离土不离乡的乡村旅游和手工品生产等模式能有效地吸纳一部分剩余劳动力。同时，这些产业的发展带动了相关产业如旅游接待服务、作坊加工、商品销售、运输管理等，这些产业也能实现剩余劳动力的就地转移，减轻了农民进入现代化进程中的阵痛，降低了观念转型的心理成本。

三、实现区域跨越式发展和差异化竞争

文化资源的特殊性在于，不像物质资源具有资源存量既定的特点，不存在一个完全耗竭的界限，可以多次开发利用，开发的方式可以多元化。根据区域经济发展理论，依托区域资源优势，可以实现区域跨越式发展和差异化竞争。

（一）实现区域跨越式发展

跨越式发展是一种快速的发展，是在遵循发展规律的前提下，用尽可能短的时间达到目标。如近年来，浙江省衢州市柯城区沟溪乡余东村深化对“绿水青山就是金山银山”理念内涵的认识，将人文生态优势转化成乡

村经济发展优势，全面推动乡村振兴“五大振兴”，创造文化带动致富的“余东现象”，打造了浙江省山区26县跨越式高质量发展的村级样板。聚焦做深做实一幅“农民画”，余东村通过文化引领、生态保护、产业联动，走出了一条凸显“人文生态也是金山银山”主题的富裕之路，老百姓不仅富了口袋，更富了脑袋。

（二）实现差异化竞争

差异化是立足资源优势的发展模式。不同的自然资源、人力资源禀赋，决定了发展的重心是不一样的。差异化是立足区域共赢的分工模式。与同质竞争条件下更容易出现的两败俱伤和囚徒困境情形相比，差异化发展能够基于产业、功能差别而形成良性发展环境。差异化是对目标市场进行细分的错位竞争模式。差异化是对发展目标的聚焦和凝练，是有所为有所不为的取舍，这对于发展基础本身就比较薄弱的农村而言，通过错位发展在竞争中形成优势至关重要。

乡村文化的功能注定了乡村不能走城市化过程中简单统一化、模式化的发展道路。乡村并不具备对资源进行大规模重新配置的基础和能力，同质化发展忽视了乡村比城市更复杂的要素禀赋结构，会使得乡村发展失去自身资源优势和历史传承的依托。乡村本身需要立足于异质性、差异性，一旦失去了特色，乡村的发展就会变成无本之木、无源之水。因此，差异化是乡村振兴的必然选择。

第二章　中国乡村文化的变迁发展

第一节　中国乡村文化的变迁逻辑

一、中国乡村文化的变迁理论

（一）可持续发展理论

可持续发展是指能满足当代人的需要，又不对后代满足其需要的能力构成危害的发展。可持续发展的内容主要涉及可持续经济、可持续社会和可持续生态的协调统一。它要求人类在从事发展活动时要重视经济效益、关注生态和谐和促进社会和谐，最终实现人的全面发展。可持续发展的概念虽然起源于环境保护，但随着理论的发展、丰富和提升，其内涵已远远超出环境保护本身，而更加重视将环境问题和发展问题结合起来，使之成为当今社会全面发展的长期战略。

（二）“三生共赢”理论

“三生共赢”是指生活、生产与生态的共同发展，原指处理涉及利益冲突的双边或多边关系时，必须考虑到各方的合理利益需求。可见，“三生共赢”的目标是协调生活、生产和生态发展之间的矛盾与冲突，平衡三者之间的关系，使得生活水平不断提高的同时，生产能力不断提升，生态环境不断改善。

“三生共赢”准则下，乡村发展行为必须同时考虑改善自然生态、提高人民生活和发展经济生产三个方面，而其中的“发展行为”包括政府政策行为、组织生产行为、投资行为以及所有与社会发展相关的公共行为。准则的重点不仅在于生态、生活、生产分别得到改善、提高和发展，更重要的是三者在时间和空间上同步实现共赢。

“三生共赢”是乡村可持续发展的行为准则，不仅是人类社会可持续发展的目标，也是判断人们的行为是否符合可持续发展理念的标准。不同的社会价值判断导致不同的行为，在评价人类行为的过程中，有必要分析其对生产、生活和生态的影响，在此基础上选择有利于“三生共赢”的行为。也就是说，只有对三方产生积极影响的行为才是可持续发展行为，任何一方的发展不能以牺牲另外一方为代价。

由于历史与环境的差异，乡村的自然环境、生活方式、生产模式是多样化的，这就决定了乡村振兴的“三生共赢”发展模式必须不断创新，不能完全照抄照搬现有的模式，而应立足当地的资源禀赋和文化特点，在实践中大胆摸索。“三生共赢”作为乡村振兴的目标和行为准则，应贯穿于乡村生活、农业生产和乡村生态的振兴发展决策中，时刻以保障乡村可持续发展为出发点。

二、乡村文化从“自觉到自信”的变迁逻辑

（一）文化振兴与文化自信

文化振兴[①]是乡村振兴之魂，乡村文化自信是乡村文化振兴之根本。现在文化自信与道路自信、理论自信、制度自信作为一个整体，成为实现中华民族伟大复兴的基石。展望新时代的征程，文化自信是主体国家认同与内生自信的基本尺度，是挖掘中国硬实力潜能、创造中国硬实力发展的动力，更是国家竞争实力的基础。

技术的日新月异和物质的极大丰富，冲击着社会秩序和传统的价值观，也必然引发新旧价值体系的博弈与冲突，倒逼着人们重新审视原有的文化价值是否依然具有正向引导力，肯定的部分会自动融入新的环境，否定的部分面临着被改造、创新或放弃，当新的价值观经过传播而获得广泛认同后，这便形成了文化自信。文化振兴便是在社会前进过程中，赋予文化体系自我内生的成长动力，促使文化自身在流变中延续与创新。这一过程触动着文化拥有者的自省自觉，在与环境碰撞的过程中，经过持续扬弃性选择，使文化重新获得了凝聚力和创新力，经过长久的积累，便凝聚为内化于心的文化自信。因此，乡村文化振兴的要义便是实现乡村文化从自觉到自信。

（二）遵循“再生长”的文化振兴规律

振兴乡村文化，是要遵循文化生长的规律。如同任何生命体一样，文化有着坚韧的生命力。文化在时代变迁中流动和变化，有延续也有创新，这就构成了文化的生长过程，文化便因此有了生命力。这种生命力的强劲

① 振兴本意指大力发展，使兴盛起来，用于较为宏观的事业。通俗理解，乃振发兴举，增强活力，是培育和发展的内生动力，它不仅指物质和社会福利的改善，更指社会体系内在凝聚力的提升。

在于能够在国家干预与市场裹挟中或延续或创新，与时代发展互动调适，我们称之为“再生长”。

文化最根本的特点就是自我创造性，振兴乡村文化便需要理解乡民日常，培育乡民文化自觉意识，让乡民认识到乡村文化的乡韵底色和当前力量，形成广泛的认同感，让乡村发出自己的声音，乡村文化便会在温润的环境中再生出新的姿态。

第二节　中国乡村文化的振兴路径

一、重视人才振兴，培育建设主体队伍

乡村文化的振兴，离不开人才。只有将人才振兴部署好，人才问题解决好，才能保障乡村文化的振兴工作科学平稳进行。

（一）积极培育新型职业农民

乡村文化的振兴工作实施离不开人才，开展乡村职业教育正是培育新型职业农民队伍的一种重要方式。在新型职业农民培养方面，可以从以下方面做好相关工作。

1.做好顶层设计，合理规划农民培育工作

新型职业农民培育是一项系统工程，它具有周期长、涉及部门多等特点。只有政府部门加强重视程度，从顶层做好设计和规划，才能确保新型职业农民培育工作的顺利开展，进而取得预期的成果。从一些发达国家的经验可以看出，一个结合教育、科学研究和成果推广应用的培育体系，是培育新型职业农民必备的前提条件。在这一体系中，政府应该始终处于主导地位，农业类院校应当作为重要基地，而培训机构应当作为有益补充。

县级政府要摸清本地的经济发展状况、产业结构组成情况、农民的数

量和文化水平等，进而对本地区的教育培训规模进行评估；要结合本地的乡村经济现状、农民实际需求和农业发展需要，优化教育资源的配置，科学合理地布局职业院校和农民培训机构，推动各类机构实现优势互补、资源共享，加强协作，形成合力；政府在制订职业农民培育工作规划时，要充分倾听教育培训机构、经济组织、行业协会和农民等方面的声音，让他们参与到制订规划工作中来，在培育目的、培育方法、培育内容等方面作出科学合理可行的规划。同时，要随时接受社会的广泛监督，充分调动各方对职业农民培育工作的参与热情，探索科学、包容、灵活、有序的培育模式，为推进乡村文化的振兴工作的实施提供强有力的人才支撑。

2. 牢固树立全局观念、统一领导，分工协作

一批留得下、用得上的新型职业农民是推动乡村文化的振兴工作的重要力量。新型职业农民的培育靠的是乡村教育，特别是乡村职业教育，因其与乡村经济发展具有密不可分的联系，而成为培育新型职业农民的主要方式之一。新型职业农民培育需要多部门的参与和配合，教育培训机构、经济组织、行业协会等都是新型职业农民培育工作的重要参与者。因此，只有牢固树立大局观，形成政府统一领导、部门分工协作的工作机制，才能有效推动乡村的振兴。

第一，要形成地方政府统一领导、各部门分工协作、具体实施的工作机制。地方政府要对培训机构的培训工作开展情况和农民的培训学习效果进行充分的调研评估，并据此统筹安排各培训机构开展哪些培训项目。

第二，地方政府要出台相应的激励政策，充分调动各方参与新型职业农民培育的积极性。例如，可以为培训工作开展得较好的培训机构提供各类优惠政策，支持其发展壮大；为培训合格的农民提供信贷优惠政策、先进实用技术指导等。

第三，地方政府还应当加强对该项工作的监督指导，将地方的教育资源、资金资源和环境资源统筹起来，调动各培训机构的积极性，发挥其各自的优势，推动培训教育效果的不断提升。

3.确定培育对象，创新培育内容与方法

在乡村文化的振兴工作实施过程中，农民不仅是重要的参与者，也是主要的受益者。因此，在新型职业农民的培育中，一定要选择好培育的对象，同时要创新培育方式方法，培训的内容要符合农民的实际需要，培训的方法要有利于农民接受。

在进行培训之前，培训机构要深入开展调研，充分了解本地区的经济状况、产业结构，以及制约乡村发展的因素、农民在生产过程中遇到的问题等。在对调研结果进行分析总结的基础上，制定科学的培训方案，选择适合的培训内容和方法。

根据培训的内容选择师资。职业农民培训的内容涉及面广，在选择师资时，不仅要注重普遍性，还要兼顾多样性。可以从农业类院校、农业推广站、农林畜牧局、农业服务机构等各类单位中选择优秀的技术人才组建讲师团。这样的讲师团队不仅理论教学水平高，而且能够在实践中开展指导，可以充分覆盖各方面技术需求。

4.积极鼓励各地开展职业农民职称评定试点工作

第一，创新评定形式，突出工作质量。发挥行业主管部门在职称评定中的作用，由各级农业局设立评委会具体负责实施工作。评审委员会成员应由熟悉农业和乡村经济社会发展情况，具有较高专业技术水平的人员担任。职称评定将采取实地考察、业绩展示、测试答辩和综合评议相结合的方式进行，切实提高评定结果的科学性和公信力。地方政府可探索鼓励措施，对获得职称的职业农民，优先提供信息技术、融资支持、产品推介服务，优先安排学习培训，优先获得财政资金支持项目、政策补贴等。

第二，完善激励政策，突出服务管理。本着“服务为主，程序简化”的原则，增加职业农民职称政策的吸引力和“含金量”。为确保权利与义务对等，获得职称的个人应承担相关义务，县级农业主管部门专门建立档案，将取得职业农民职称的人员，纳入职业农民培训师资库，切实发挥乡村专家的作用。

培育新型职业农民是转变农业发展方式的有效途径，是促进城乡统筹、社会和谐发展的重大制度创新，有助于全面提高劳动者素质，加快建设现代农业体系。应紧紧围绕推进农业供给侧结构性改革，紧跟发展新形势，满足农民新需求，推进新型职业农民培育再上新台阶，助力乡村文化振兴工作的实施。

（二）强化乡村专业人才队伍建设

乡村专业人才是乡村文化振兴工作的新动能，是乡村经济发展的领路者、文化传承的继承者、生态环境的守护者。加强新形势下乡村实用人才队伍建设，大力开发乡村实用人才资源，更好地发挥乡村实用人才作用，是人才工作面临新形势的需要，也是实施乡村文化的振兴工作的需要。充分激发乡村实用人才创业活力，让农业真正成为有奔头的产业，让农民真正成为有吸引力的职业。

1.增加“三农”领域实用专业人才培育力度

乡村实用人才是“三农”工作队伍中懂农业、爱乡村的主力军，是广大农民中的优秀代表，也是中国人才队伍中的重要组成部分。人才资源是第一资源，是构建和谐社会的重要基础与保证。当前乡村专业技术人才相当匮乏，引进难、培养难、留住难的问题日益突出，呈现出青黄不接的“断层现象”，严重地制约了农业科技、乡村医疗卫生及文化教育等事业的发展。

2.增强农技推广人才队伍建设，探索公益性与经营性农技推广融合发展机制

农技推广人才是推广转化农业科技成果、开展生产服务的骨干力量，在科技引领乡村现代化中发挥着纽带作用。要顺应新型农业经营主体和农业社会化服务组织蓬勃发展的新形势，继续深化基层农技推广体系改革，以农业产业需要、农民群众满意为评价基准，完善基层农技服务政策，探索建立公益性农技推广队伍与经营性技术服务队伍协调发展的新机制，打通科技下乡“最后一公里”。

根据市场经济的发展规律，对现阶段的基层农机服务体系进行公益性与经营性的合理划分。统一基层农业技术管理制度，最大限度地整合业内资源，实现资源的优化管理。

将现有的农业技术推广单位、新创办的经济实体产业进行有机融合，创建为经营性的基层农技服务组织，并对其机构进行科学的延伸，完善其管理机制，展开基层农业技术的推广工作，实现利益共享、风险共担。同时，合理设置农业技术推广机构，实现推广运行新模式在实践过程中的发展与创新，推动机构的有效运行，促进农业技术的推广工作实现健康长久发展。

3.增强涉农院校和学科专业建设，培育农业科技科普人才

第一，多措并举，积极创新涉农人才培养模式，不断提升涉农人才培养规模和质量。

加快农林人才培养模式改革创新。重点支持高等农林院校优化人才培养方案，优化通识教育、基础课程、专业课程等课程体系，强化实践教学和选修课、实训课，并根据课程体系及人才培养目标确定授课内容、授课方法，配置相应的师资队伍，构建适应农业现代化建设需要的复合应用型农林人才培养体系。

着力优化技能型人才培养模式。政府部门以农业行业人才需求为导向，积极推进产教融合、校企合作，创新优化人才培养模式。

第二，增强创业意识教育，强化农业人才创业能力培养。

重视涉农人才创业意识教育，大力推进乡村创业创新。一是加强创业创新人才培养。二是加强就业指导，拓展就业渠道。通过开展定向招生、定向培养、定向就业“三定向”政策，实施特聘农技员计划等措施，开展创新创业相关教育课程，推动高校成立创新创业教育协会、俱乐部，加强对涉农人才的就业指导，引导涉农院校毕业生到乡村一线就业创业。目前江西、浙江、山东等省依托涉农院校实行“三定向”政策，取得了良好成效。

第三，优化实践教学环节，有效提升农科专业人才实践能力。

积极推动优化农科专业教学环节，加强农科专业学生实践能力培养：

一是加强人才培养基地建设，二是强化实践教学环节。

积极推动加强农业职业教育基础设施建设，尤其是实习实训基地建设，使教学与产业发展紧密对接，完善农学人才培养模式的督导运行机制。定期举办全国职业院校农业技能大赛，展示农业职业教育人才培养最新成果，树立培养技能型人才的办学价值取向。鼓励青年教师到农业基层挂职锻炼，支持农业院校开展多种形式的农业推广服务，优化农业院校人才评价体系。

（三）充分发挥科技人才支撑作用

1.积极构建乡村科技人才体系

第一，深化乡村科技人才体制机制改革，坚持联合协作。要牢固树立人才优先发展理念，下大气力研究破解制约广大科技人员科技创新的体制机制弊端，进一步完善以政府为主导的乡村科技人才管理体制，理顺各级业务部门管理体系，构建各级业务部门垂直体系，对各级农业技术人才实行“上对下”的“垂直式”管理，组织人事关系在同级单位，业务工作归口在上级相关部门。通过体制机制创新，统筹协调好中央与地方各级各类科技创新力量分工协作，充分发挥企业等各类农业新型生产经营主体的技术创新和市场主体作用，形成各方面共同发力、协调推进科技支撑乡村文化振兴工作的新局面。

第二，鼓励专业技术人才流向基层，助推乡村文化的振兴工作。要全面建立高等院校、科研院所等事业单位技术人员到乡村和企业挂职、兼职和离岗创新创业制度，保障其在职称评定、工资福利、社会保障等方面的权益，鼓励引导专业技术人才流向基层，助推乡村文化的振兴工作。

第三，不断深化科技特派员制度，壮大科技特派员队伍。当前，我国乡村经济社会发展任务艰巨繁重，为充分发挥农业产业发展优势，深入实施创新驱动发展战略，通过推行科技特派员制度，培育新型农业经营和服务主体，健全农业社会化科技服务体系，加速农业科技成果转化，促进乡村第一、二、三产业深度融合，提升农业产业综合竞争力，补齐乡村短板，统筹城乡一体化发展。支持普通高校、科研院所、职业学校和企业的科技人员发挥职业专长，到乡村开展创业服务。

第四，实施农业科研杰出人才培养计划和杰出青年农业科学家项目。乡村文化的振兴工作离不开科技支撑。青年兴则国家兴，青年强则国家强。为进一步加强农业科研后备人才队伍建设，要激发青年科研人员从事农业科学研究的热情，促进优秀青年科研人员脱颖而出。

2.积极构建乡村科技创新体系

科技进步是驱动现代农业发展的根本动力，农业科技创新条件是农业科技进步的物质基础和重要保障。加强促进农业乡村现代化的科技创新服务、推动完善乡村技术创新体系，为现代农业发展提供强有力的技术支撑，为更好实施乡村文化的振兴工作提供有力抓手。对此，要不断夯实现有的乡村科技创新基础，积极吸引多元主体协同参与乡村技术创新工作，更好积聚乡村科技创新体系的主体动能。

第一，不断吸引多元主体协同参与，夯实现有乡村科技创新基础。为了促进农业科学技术的推广和农业现代化发展，要积极变革现有的乡村科技推广体系，探索建立农技人员合理取酬新机制，强化绩效考评和队伍建设，健全“一主多元”推广体系，推动农技推广信息化、农技推广联盟和农业科技试验示范基地建设，支持基层农技人员进入合作社、龙头企业和专业服务组织开展农业技术推广服务，为农业转型升级、农业现代化发展提供科技保障。

在推进乡村科技创新工作时，应该实现多元主体的共同参与、协同行动，既要充分发挥各级政府和相关部门的支持引导作用，也要积极赢得农民和其他社会组织的全力参与和配合。吸引多元主体协同参与，应大力支持农民的自主创新和合作创新行为，并为其实现创新成果转化提供必要帮助；在乡村尝试构建以农业龙头企业、农业生产合作社为主体的科技创新体系；充分发挥农业高等院校的外脑作用，鼓励这些高校和农业类科研机构深入乡村基层，积极了解农民和现代农业的发展需求；涉农类社会组织也有望成为支持乡村科技创新体系建设的重要外部力量，各地应积极引导、充分发挥这类组织的作用。

第二，优化农业科技创新生态体系，健全农业科技创新激励机制。家庭农场主、合作社成员、专业大户及返乡创业人员等是农业科技创新的原动力，迫切需要通过乡村职业技术教育和农业知识技能培训改善其知识结构和能力结构，使之率先成为拥有互联网思维、掌握农业物联网应用技能的“智慧农民”。应加快构建稳定的政策支持体系，整合涉农培训资金和机构，形成培训合力；各地要根据区域特色及资源禀赋，设置专业和课程，采取“农学结合、弹性学制”的教学方式；积极研发在线课堂、互动课堂及认证考试的新型职业农民培训教育平台，努力实现技术教育与知识技能培训的移动化、智能化，促进广大农业从业者尽快成为懂科技、会经营、善创新的新型职业农民。

二、重视生态振兴，建设生态文明

（一）生态文明建设的内涵

1.生态文明建设与生态人生观

生态人生观[①]是把人生的目的、意义和道路寓于自然生态整体的观念和态度的综合。它是生态世界观的重要组成部分，受生态世界观的制约。人生观是社会生产方式的产物，具有一定的阶级性。由于社会成员的社会地位不同，成长环境以及个体认识上的差异性，形成的人生观也往往不同。判断一种人生观的标准，就看它是否与社会发展的根本要求相一致。生态人生观反映着社会发展的现实状况和要求，代表着先进生产力的发展方向，是解决生态问题，建设高水平的社会主义社会，乃至共产主义社会的人生理念，是革命的、科学的人生观。

生态文明是对传统工业文明的超越，是人类文明发展的新阶段。作为人类文明史上的伟大创举，决定了它的萌芽和成长不可能一帆风顺，它需

①生态人生观的核心问题是如何认识和处理个人、社会、自然的关系问题。

要在人们的内心深处进行一场革命性变革，生态人生观就是在这种变革的基础上建立起来的。生态人生观吸取了以往人生观的精华，融合了生态文明建设的相关理念，是一种新型的人生观。生态人生观的基本特点如下。

（1）生态人生观主张人是自然界一员的基本思想。作为万物之灵的人类具有其他物种所没有的主观能动性，人类能够利用自然，改造自然，人类的素质和能力也因此成为衡量社会进步与否的基本标尺。随着科学技术的突飞猛进，人类获得了改造和征服自然的强大手段，创造出了更多的改造自然的奇迹，也增加了人类进一步征服自然的信心。但日益严峻的生态问题昭示我们，人类应该从根本上端正自身对待自然的态度，真正以自然界一员的姿态来审视自身，审视人类活动及其结果。

（2）生态人生观主张人与自然之间和谐共生的思维模式。随着经济全球化与科技革命的发展，人类的生存空间和生存时间大大扩展，联系和交往也大大加强，使生产与消费、物质生活与精神生活、开发与污染等都具有了世界性、公共性特征。不同的主体之间存在着对立和竞争，也存在着互补和共生。自然系统的整体性原则并不否认竞争，但它强调竞争的有序性和正当性，不能为了自身而牺牲他者。作为自身的一方，也是他者的对方，而他者也是自身。所以，人类必须将传统的人生观思维模式，改变为和睦相处、互惠互利、双向共赢的思维模式。在拥有着多元主体的当代世界，合理的思维方式应该是在不同观念和文化的交流与碰撞中，取精华，去糟粕。

（3）生态人生观主张对现存社会关系的变革。产生生态危机的原因之一是社会关系的紧张，人与人之间矛盾的加剧。生态文明的建成以及生态人生观的确立，需要我们从根本上变革不合理的社会关系，实现人、自然、社会的统一，使社会化的联合生产者在消耗最小的力量、最符合人性的条件下，合理地调节与自然之间的物质变换。也只有这样，人类才能够最终走出困境，创造出美好未来。

2. 生态文明建设与生态价值观

人是自然界的一部分，既有社会性，也有自然性。人的社会性特征表明，人有开发利用自然界的能力，也有修复和保护自然界的能力。自然界既有对人有用的外在工具性价值，也有超越人的生态价值。我们强调自然界的生态价值，也不否定其工具性价值，把两种类型的价值观有机地结合起来，在生态环境优先的条件下，实现经济社会的发展。生态价值观的基本观点如下。

（1）生态价值观强调自然界的内在价值。一般而言，方法论受价值论的影响或指导。我们要卓有成效地建设生态文明，就必须认真地反思与审视价值的归属及自然的价值问题。自然界中的任何事物都具有自我价值的评价能力与自我价值的实现能力，自身就是目的本身。所以，相对于自身而言，事物具有“非工具价值”，或者称为“对象的自我目的性”。罗尔斯顿的“内在价值论”理论认为，价值来源于自然系统本身的创造性，相对于自然界的创造性本身来讲，自然界中的万事万物都是有价值的，表现为自发性、创造性与价值共同存在。同样，从自然界自组织理论出发，人作为价值的主体是自然界自我进化与自我组织的产物。换言之，大自然在创造价值的同时，也创造了有评价能力的人类。价值是在自然界的演化过程中产生的，是自然把价值馈赠给了人类。非人类中心主义认为，价值的主体性与客观性都在自然的演化过程中获得，与人类的目的和评价能力之间没有必然的联系。所以，从自然的内在价值论出发，人类应该爱护环境、敬畏生命。

（2）生态价值观强调类本位的价值观念。人的发展是人类的最终目标，与其他方面的发展或目标相比，它应占绝对优先地位。在生态保护领域，应然和实然两种价值观之间出现了对抗或冲突。相应地，也就有两种价值选择摆在人们面前，即人们应该在类本位伦理和国家本位伦理之间如何选择的问题。我们应该确立“立足局部，放眼全局”“立足本国，放眼全球”的基本理念，在以全人类利益为中心的类本位价值观的引导下，积极维护本国的主权和利益。类本位思想强调的不是人类对于自然的绝对性、优越性，而是超越狭隘的个人主义和地方主义，以全人类的需要和利益为旨归而确立的人类本位中心。反观生态危机，问题并非出在是否以人类利益为中心，而是出在个体本位、集团本位上。

（3）生态价值观强调代际平等的价值理念。平等问题特别是代际平等问题，是实现社会持续发展必须解决的基本问题。自然资源与环境是人类共同的财富，这里的人类不单单是指当代人，也指子孙后代。人们不仅要关注当前的经济发展与生态环境，也要考虑子孙后代的发展。人类应当从时间和空间两个角度，从当代人和后代人两种立场上去衡量人类的整体利益。一般情况下，人们思想中的平等，往往只局限于当今社会中人与人之间或国与国之间的平等。生态价值观强调的代际平等有两方面的含义：

一方面，在享用自然资源和保护自然环境上，所有国家和民族的后代都是平等的。为此，不能为了保存本国的资源和环境，而损害他国的资源和环境；不能为了保护本国及后代的利益，而损害他国及其后代的利益。那些反人道主义的做法，人为地导致了不同国家和民族之间后代的不平等，也使人道主义和自然主义更加对立。

另一方面，作为生生不息的人类，当代人没有权利剥夺后代人的生存权和发展权。历史和现实一再警示人们，如果继续对自然界进行毁灭性的开发利用，“自然界赤字”将无法得到弥补，人类也会因为资源的匮乏和环境的恶化而自取灭亡。代际平等既是可持续发展的重要目标，也是可持续发展得以实现的必要条件。建设生态文明，必须确立以代际平等为导向的生态价值观。目前，我国正处于从传统社会向现代社会的过渡时期，这个时期的价值观是多元化的。其中，生态领域的价值观更值得我们关注。因为这些价值观影响到人类自身，也影响到自然界的变化发展，我们必须在生态领域中确立正确的价值观，努力使各个领域的价值观生态化，并以此来指导经济与社会的健康发展。

（二）生态文明建设的意义

1.生态文明建设有助于推动美丽乡村建设

唯有生态文明，才能让农民尽享绿水青山、空气清新、环境优美、生态宜居的美好生活。因而，我们建设美丽乡村需要从生态文明抓起。面对美丽乡村建设的瓶颈，应以生态文明理念为基础，科学规划，采取针对性的措施。生态文明建设同政治、经济、文化的建设相辅相成，相互促进共同发展。在进行美丽乡村的建设过程中，必须遵守以人为本的执政理念，在具体的建设过程中，充分听取广大农民的意见，以人民群众的根本利益为出发点，结合当地的农业特色实现生态文明的科学规划。

加强生态文明建设，就必须坚持科学发展观，充分认识到保护生态环境就是保护生产力，改善生态环境就是发展生产力。要积极付诸实践，力求做到既加快发展，又能保护生态，增进人们福祉，这才是发展的最高境界。

2. 生态文明建设是乡村文化振兴的必由之路

乡村文化的振兴工作必须依靠生态文明建设，这是由当前制约乡村发展的主要瓶颈、乡村自身的比较优势以及现代农业发展的未来趋势所决定的。

（1）影响乡村稳定发展的重要因素——环境。自然环境遭受污染和破坏，严重影响了人们的生存和经济发展，不仅有对健康和生存的影响，还有对农业经济效益产生的影响。要振兴乡村，做到产业兴旺、生态宜居，对乡村进行生态环境治理和生态文明建设，解决乡村的食品安全问题和乡村社会问题，实现乡村经济的可持续发展必不可少。

（2）乡村发展的优势体现——自然生态。自然生态就是生产力的一种，广大乡村地区具有的自然生态资源，就是重要的生产力优势和基础。对乡村自身的优势和资源做好充分把握和发挥，将乡村地区的自然生态环境通过改革创新活跃起来，是既控制成本，又能最快见效的振兴乡村的绿色方案。

（3）提高农业收益的根本动能——生态转型。改革开放以来，我国主要农产品已经告别了数量短缺问题，转而形成了结构性过剩的问题。近些年来，我国产出了很多世界产量第一的农产品，是当之无愧的农业大国，但离农业强国还有很长的距离。主要原因是：①有时候某种或某些农产品季节性、区域性供过于求，导致农产品卖不上价，农业收入很低，所以很多乡村的青壮年劳动力只能通过外出打工维持生活，这又进一步导致农业劳动力流失，部分耕地成了荒地；②农产品的产能过剩表面上是农产品供过于求，实际上是农产品结构不够合理，优质农产品供给不充分，导致某种或某些农产品季节性、区域性供过于求，而其他有需求的农产品还要依赖进口。

随着经济的发展，中国中等收入群体不断扩大，这部分人群对农业的需求已经从以前的饱腹功能，转变成对安全、健康的需求，他们的整体消费理念偏向生态化、健康化的产品，包括水源干净、空气清新、食品质量安全等。由此，振兴乡村的关键举措还需进一步提高农业产品质量。

相比于工业和服务业，自然环境对农产品质量的影响起着极其重要的作用。因此，综合治理乡村生态环境，对水源和土壤等进行改善，提供源源不断的优质养分给高质量的生态农业和有机农业，才能有助于农产品附加值的提高，并进一步推动都市农业、观光农业等全新的业态发展，使农民获得更高的经济收入和职业自豪感，也会有越来越多的农民回归乡村、回归土地，促进乡村经济发展。由此可见，生态转型既是国际公认的农业先进经验，也是现代农业发展的重要趋势，它不仅能推动中国农业供给侧结构性改革，也是乡村文化振兴的重要动力。

（三）融入生态文明建设的乡村文化振兴

1.有助于巩固生态安全

国家安全体系是由很多部分组成的，生态安全是其中的关键一环。任何国家的生存发展都要依赖生态环境，生态环境处于安全稳定的状态就是生态安全。安全的生态系统能够维持国家经济社会持续发展，生态安全是其他各种安全，如政治安全、经济安全等的前提条件。乡村不仅提供各种农产品，而且提供生态产品和服务，是国家重要的生态环境空间。

中国的乡村地区尤其山区是国家重点建设的生态功能区，也有一部分毗邻生态功能区。例如，三江源草原草甸湿地生态功能区是我国面积最大的生态功能区，长江、黄河、澜沧江三江发源之地，被称为“中华水塔”，在全世界都有重要地位，是世界上海拔最高、湿地面积最大、河湖分布最集中的地区，还分布着多种动植物。在三江源草原草甸湿地生态功能区周围，有很多乡村，其中一部分过去都是贫困村。过去，还有不少其他生态功能区的乡村贫困现象也较为普遍，它们大多处于生态比较脆弱的地区、国家限制开发的地区，生态环境十分脆弱，国家投入大量人力物力重点保护，这些昔日贫困区生态环境脆弱指数和贫困指数密切相关，大部分地区的昔日贫困都是生态环境脆弱造成的。

乡村文化的振兴工作应与生态文明发展同步进行，针对生态环境脆弱的乡村地区进行重点保护，逐渐修复地区生态环境，那么我国乡村地区和生态功能区就能够成为生态环境健康发展的屏障，更好地发挥涵养水源、保持水土、防风固沙等重要功能，维护生物多样性，减少自然灾害发生的频率，也能更好地应对泥石流、滑坡等自然灾害，减轻灾害带来的损失，提高自然灾害防御能力，为国家生态安全助力。因此，乡村文化的振兴工作应该以生态文明建设为基础和前提，这样国家安全才有生态保障，才能拥有持续发展的动力。

2. 有助于建设精神家园

风景优美的大自然，不仅具有审美价值，还有科学价值，为人类科学研究和艺术创造提供了丰富的素材。在理论上，自然界中的动物、植物、光等都是科学研究的对象，也是人们进行艺术创作的灵感源泉，已经成为人们意识的组成部分，构成了人类的精神世界。人类有很多受到自然启发形成的伟大创造，比如北京奥运会场馆鸟巢等。我国传统文化主要是农耕文化，历史悠久，传承千年，有很多古老的村落包含着丰富的历史文化内涵，见证了中华文明的发展，是人们共同的文化瑰宝与精神财富。

无论经济社会发展到何种程度，人们对自己的故乡都有一种深深的眷恋与依赖，乡村永远是人们心灵的家园和归宿。所以，乡村文化振兴工作中的生态文明建设不仅要保护和改善自然环境，更要让自然和人文融为一体，让自然和乡村融合，让生活在乡村的人们从心底里为乡村文化感到自豪，更让城市居民对乡村有更多归属感。只有自然和人文融为一体，才能创造出更多的美景。

3. 有助于逐步消除城乡二元对立

随着社会分工的发展，城市和乡村逐步分化和对立。当农业、手工业和商业成为独立的生产部门时，由于商业和手工业加速了生产资料的交换，促进了商品流通，所以很多以此为生的人们逐渐聚集起来，这样城镇就形成了。众多手工业和商业等人口对各类生活需求日益增多，各种手工业者聚集到城镇，城镇规模逐渐扩大，由小城市变成大城市。城市工业技术的不断发展，逐渐拉开了与乡村之间的差距，城市先进的工业技术改变了传统的生产方式，通过不断创新的技术创造了丰富的物质和精神财富。

城乡对立一方面是乡村和城市经济收入方面的区别，另一方面是乡村和城市的生活方式、价值理念以及享有的社会资源方面的差距。城市和乡村的这个矛盾严重影响了中国社会的和谐发展，阻碍了实现共同富裕的目标。

换一种方式发展乡村，比如改善乡村生态环境，把乡村建设得更好，城市人口自然会回到乡村。这样，乡村人口不仅不会大量流失，而且还可以吸引很多城市人口回到乡村，城市人口的回归还会带来产业、资本、设施、文化等资源，逐步缩小城乡差距，最后彻底解决城乡对立的问题。这种方式在很多欧洲国家已经实施并取得了很好的成效。所以，生态文明建设是城市和乡村协调发展、实现共同富裕的关键，也是消除城乡对立的根本途径之一。

三、加强产业振兴，构建现代农业体系

（一）现代农业的特点

市场经济体制是现代农业发展的制度基础，它在资源配置中起着基础性作用。在市场经济条件下，现代农业建设必须突破传统农业封闭、低效、自给、半自给的局限性，坚持以市场需求为导向，采用专业化生产和

一体化经营的产业化方式，调整农业结构和生产布局，提高投入产出效率，健全农产品现代流通体系，提高农产品市场占有率。

注重农业增长与生态环境的协调发展是现代农业发展的基本方向。近些年来，包括中国在内的世界上不少国家在农业发展中，改变粗放型农业增长方式，重视土、肥、水、药和动力等生产资源投入的节约和使用的高效化，注重生态环境的治理与保护，在应用自然科学新成果的基础上探索出“有机农业”“生态农业”等农业发展模式。可见，现代农业是根据资源禀赋条件，选择适宜技术的集约化农业、生态农业和可持续农业。

（二）现代农业发展的主要模式

中国幅员辽阔、区域类型多样、资源禀赋差异较大、经济发展程度不一，现代农业发展必须因地制宜地选择现代农业发展模式。目前，应当重点选择以下现代农业发展模式。

第一，资源节约型现代农业模式。我国农业资源严重短缺，人地矛盾突出，资源与农业粗放经营之间的矛盾日趋尖锐，农业资源有效利用率低，因而建立资源节约型现代农业模式成为现代农业发展的必然选择。应积极发展“精准农业”“无土栽培农业”和“节水农业”等，走一条高度注重资源节约的现代农业发展道路。

第二，劳动密集型现代农业模式。我国乡村劳动力资源极为丰富，发展劳动密集型现代农业具有很大的优势。应在加强农业实用人才培训、显著提高农民技术素质的基础上，大力发展蔬菜、水果、花卉、畜牧、水产等劳动密集型农业，在最大限度地缓解人多地少矛盾的同时，不断提高农业的经济效益。

（三）发展现代农业，构建现代农业体系的重大意义

发展现代农业，构建现代农业体系是实施乡村文化的振兴工作，推进农业、乡村现代化的重要任务。当前，我国正处于传统农业向现代农业转型的重要时期，从世界农业发展的规律和我国的国情看，农业发展必须走

建设现代农业的道路。加快从传统农业向现代农业转变，既是我国经济社会发展的必然要求，也是应对激烈的农业国际化竞争和挑战的必然要求。

第一，坚持发展现代农业，构建现代农业体系，是促进农民收入持续增加的有效途径。家庭收入、外出务工收入、转移性收入构成了农民总体收入。近年来农民的收入增加比较快，外出务工的收入贡献率比较高。所以，要促进农民收入持续增加，不断缩小城乡居民收入差距，只有发展现代农业，构建现代农业体系，提高农业的附加值，提高农业的综合效益，才能使农民通过农业产业本身增加收入，稳定农业生产，促进农业发展，从而对国民经济高速发展起到支撑作用。

第二，坚持发展现代农业，构建现代农业体系，是提高我国农业竞争力的必然选择。在国际统一大市场背景下，我国农产品市场的开放程度已经有了大幅度提升。近些年来，农产品出口和进口都在增长，但是进口增长的幅度显著大于出口，从而使我国农产品贸易连续多年出现逆差。我们应当顺应世界农业发展潮流，提高农业整体水平和国际竞争力，增强农业安全水平，在应对国际竞争中拓展发展空间，在促进国际贸易中分享更多利益，使我国农业在激烈的国际竞争中立于不败之地。

（四）优化农业结构，健全现代农业产业体系

1.加快推进农业结构调整

加快推进农业结构调整，推动粮经饲统筹、农林牧渔结合、种养加一体化发展。重点是调整农业种植结构，支持优势产区加强棉花、油料、糖料、大豆、林果等生产基地建设；统筹考虑种养规模和资源环境承载力，推广粮改饲和种养结合模式，发展农区畜牧业；分区域推进现代草业和草食畜牧业发展，提高畜禽、水产标准化及规模化养殖水平，促进奶业优质安全发展；实施园艺产品提质增效工程，发展特色经济林和林下经济。

2.大力发展生态友好型农业

实施化肥农药使用量零增长行动，全面推广测土配方施肥、农药精准高效施用；实施种养结合循环农业示范工程，推动种养业废弃物资源化利

用、无害化处理；开展农业面源污染综合防治，开展耕地质量保护与提升行动，创建农业可持续发展试验示范区。

3. 重视电子商务

（1）电子商务的特性。

第一，虚拟性。电子商务活动和电子商务交易都是在网上完成，因为互联网是一个数字的电子虚拟市场。互联网技术是电子商务发展的基础，大部分的交易过程都是在互联网上进行的，包括参与交易活动的双方签订购买合同和支付交易。商品供应商可以通过电子商务交易平台销售商品，而消费者可以使用通信工具与商品供应商进行及时的网上交流，这样双方就可以在网上进行沟通并签订购买合同和付款。电子商务是一种基于信息技术的业务，需要使用计算机网络技术来进行信息的交换和传递。因此，电子商务与计算机技术和信息技术的发展是密切相关的。

第二，便利性。电子商务不限制买卖双方在时间和空间上的交易，还可以简化烦琐的交易过程，使交易更加方便，企业一方也可以针对自身的服务进行发展和完善，同时供求的信息以更快的速度上传到互联网上。电子商务中商品和资本的快速流动以及所有部门的激烈竞争，通过其不断变化的信息为电子商务增加许多发展的动力。

第三，集成性。电子商务的特点是提高集成的功能，这主要体现在处理电子商务问题的更加标准化的工作流程这一过程上。电子商务整合了手工操作和电子信息处理的功能，从而使交易的处理能够遵守严格的规范。整个业务是一个供应商、批发商、零售商和客户之间的不断推进的过程。

第四，扩展性。电子商务是可以扩展的，电子商务平台具有非常大的流量，每天一个平台有很多用户使用，大量的用户可以同时对同一个线上的产品进行查看。随着电子商务的不断发展和用户数量的增加，电子商务平台对后台的服务进行了改进，最终满足提高访问速度的要求，从而提高用户的满意率。为了使电子商务可靠，系统服务必须是可扩展的。在使用高峰期扩大系统规模可以帮助解决访问用户的拥堵问题。在电商活动期间，即使是一分钟的拥堵也会损失大量的用户。

第五，高效性。极高的效率是电子商务的一个关键特点。通过电子商务，买家和卖家可以更有效、更容易地进行交易。电子商务需要现代计算机和互联网技术的支持，技术和设备需要不断升级，而企业需要改进对技术和设备的使用，以期达到最后交易效率和利润的最大化。

第六，安全性。电子商务是基于互联网的发展而发展的，所以电子商务的安全是否得到保证和互联网的开放程度是息息相关的。在电子商务的活动中，网络运营商要能够为客户或者使用者提供安全的方案，以确保电子商务在进行的过程中是安全的，并确保交易双方的资产得到保护。

第七，服务性。通过将互联网的数据与公司的数据库联系起来，企业可以获得访问其网站的用户数量、销售记录、用户的购买模式和浏览偏好等用户的信息，这有助于提高其产品和服务的质量。消费者通过电子商务可以在更大的购物范围内比较和选择他们需要的商品。消费者不仅要比较商品之间的价格，还要比较商品和商家提供服务的质量。企业可以通过电子商务的平台对消费者提供各个方面的服务，给他们一个完整的服务体验。

（2）乡村电子商务。

第一，开展电商的操作流程。对于农民来说，了解农业电商的类型远远不够，更重要的是掌握做好农业电商的技巧。

选择平台。选择合适的线上平台是入行乡村电商的第一步。通过网络，消费者足不出户便可以了解农产品的相关信息并进行购买。与线下销售农产品相比，通过电商渠道销售农产品的优势主要表现在以下方面：节约成本，打破时间与空间的限制，更容易激励消费者购买，业务范围迅速扩大。

日常运营。运营是能否做好乡村电商工作的关键。因为运营环节是乡村电商运作流程的“大脑”。它负责将农产品、销售渠道、宣传途径等内部资源由上到下地进行整合，之后计划、组织并跟进相关运营事务，进而把握全局，综合统筹，引导乡村电商工作方向。运营工作流程有很多环节和步骤，你不仅需要为自己的产品和网上商店做出适合未来发展的计划，而且还需要与企业的其他部门合作，以确保电子商务平台有序运营。吸引客户的眼球和增加客户的流量是电子商务的核心需求。尤其是对于乡村的电商行业来说，有流量就有了用户的关注，有用户的关注就有了消费者。一般来说，乡村电子商务的工作主要涉及以下内容：内容填充、产品填充、站内优化、促销活动、渠道拓展、物流配送。

第二，乡村电商的作用。乡村电商的作用包括：增加乡村经济竞争力，助力乡村现代化建设。

第三，乡村电商的作用机制。乡村电商的作用机制包括：生产规模化、产品标准化、品质生态化、平台多元化。

第四，乡村电子商务发展模式的优化。乡村电子商务发展模式的优化包括：构建公共服务平台，建设商务产业园，建立农产品冷链物流，建设农产品质量保障体系，构建农产品品牌。

第三节 中国乡村文化发展的理念创新

创新、协调、绿色、开放、共享是在深刻总结国内外发展经验教训、分析国内外发展趋势的基础上形成的，是针对我国发展中的突出矛盾和问题提出来的，是更长时期我国发展思路、发展方向、发展着力点的集中体现。因此，中国乡村文化发展必须按照“五大发展理念”展开。

一、中国乡村文化发展的创新发展理念

第一，加快转变乡村发展方式。实施创新驱动发展战略，加快乡村产业结构战略性调整，推进农业供给侧结构性改革，提高农业供给体系的质量和效率，优化市场需求结构，使乡村生产的产品符合消费者的需求，走中国特色社会主义乡村产业现代化发展道路，实现农业乡村现代化。

第二，提升乡村村落质量。随着城市化发展的不断推进，乡村村落变

迁成为顺应时代潮流的必然趋势。由于我国乡村在自然条件、发展水平、乡村文化、空间形态、产业结构等方面存在较大差异，乡村村落变迁过程中，地方政府应充分尊重乡村发展历史，尊重乡村居民意愿和乡村发展的内在逻辑与变迁规律，不能进行过多的行政干预，更不能“千村一面”地改造村落。因村施策、因地制宜、因势利导、因时而动，是创新乡村布局，提升乡村村落质量应把握的基本原则。

第三，建立村落历史文化遗产保护机制。文化是底蕴，是资源，更是生产力，要加强传统历史文化村落保护，为乡村发展留下独特的文化资源和发展空间。应更加合理地利用乡村特色资源，尊重当地人民优秀传统文化习惯，因地制宜地规划村落发展，有序推进村庄整治，要在村落变迁改造中保护和传承优秀历史文脉，留住乡愁。

二、中国乡村文化发展的协调发展理念

第一，在乡村文化发展上要坚持顶层设计，统筹兼顾，在具体实践中要鼓励乡村创新，因地制宜，从整体上考虑城市和乡村的协调发展关系，把城市和乡村看作城乡整体系统的两个子系统，从促进城乡融合，缩小城乡差距方面整体推进城乡发展。

第二，加快城乡要素流动，补齐乡村经济社会发展的要素短板。在资金、知识、技术、信息、人才、管理等要素发展方面，城乡之间仍然存在着很大差距。要加大乡村基础设施建设投入，合理配置城乡要素资源，增强城乡发展的整体性，创造城乡要素双向流动的新格局。

第三，协调好政府与市场的关系，充分发挥市场在乡村发展中的决定作用，更好地发挥政府的引导作用，尊重市场规律，激活乡村主体活力和要素资源活力，拓宽农民增收渠道，开启城乡融合发展和现代化建设新局面。

第四，加强乡村人才队伍建设。推动乡村人才振兴，要把人才战略放在首要位置，让愿意留在乡村、建设乡村的人安心参与乡村振兴工作，回

报乡村，在乡村的广阔天地大施所能、大展才华、大显身手，在乡村形成人才、土地、资金、产业汇聚的良性循环。

三、中国乡村文化发展的绿色发展理念

第一，牢固树立绿色发展理念，将人与自然和谐共生作为乡村振兴的根本。在保护自然生态环境的大前提下，坚持绿色生态发展导向，探索出一条人与自然和谐共生、绿色可持续的乡村振兴发展之路，防止出现追求短期政绩和“面子工程”的资源浪费现象。

第二，着力打造绿色生态经济。人与自然、经济发展与生态环境之间是相互依存、相互促进的辩证关系。以高科技含量、低资源消耗、高经济效益、低环境污染的生产方式和产业结构升级带动绿色生态产业，尊重自然、顺应自然、保护自然，走节能环保、生态友好的科学发展道路，着力构建“人与自然优质共生”体系，培养“环境健康、生态良好、绿色低碳、集约智能”的发展环境，将“以人为本”融入乡村振兴发展的始终。

第三，积极倡导绿色生活。不断提高乡村居民的环保意识，倡导勤俭节约、绿色可持续的生活消费方式。以“绿色发展”为核心，以“低碳、环保、可持续发展”的理念为宗旨，以人居环境、基础设施和公共服务建设为重点，还乡村诗意栖居，整体推进宜居、宜业、宜游的乡村振兴发展总目标，使绿水青山真正转化为生态宜居的金山银山。

四、中国乡村文化发展的开放发展理念

第一，吸引乡村人才回流。人才是乡村经济发展的重要生产要素，人的理性会促使人才选择流向报酬高、机会成本小的地方。应正视人力资本的逐利性以及人才选择的机会成本，提高投资回报，以提高乡村的“造血”功能和留人效应。为此，政府要在顶层设计、制度安排、扶持政策等方面提高乡村人力资本投资回报的软硬件环境建设，包括给予乡村人才创

业以一定的优惠政策或财政金融政策，降低乡村企业的经营成本，建立专门的创业基金，增加企业的贷款额度，打造良好的基础设施建设，吸引人才到乡村创业。

第二，拓宽村干部视野。人才是乡村发展的重要资源，政府应制订政策鼓励那些有开放视野、理性思维的大学生、返乡青年、退伍军人等青年人才深入基层，充分利用其自身知识优势，为乡村建设作出重要贡献。此外，还应通过多种形式的技能培训，激发村干部活力，拓展其成长空间，使他们能够解放思想，实事求是，立足当地资源条件寻找乡村发展契机。

第三，提升农民素质。农民是乡村建设的主体，提高农民文化素质，可以为乡村建设提供基本保障。通过更大范围的农民专业素养及技术技能培训，以多种形式搭建活动平台，培育符合乡村现代化建设需要的现代农民，是提高农民文化素质和致富能力的重要渠道。

五、中国乡村文化发展的共享发展理念

第一，切实维护农民权益，让农民公平地享受发展成果，这是社会主义建设的本质要求。政府在制订乡村政策时，要从实际出发，尊重客观规律，尊重农民意愿，倾听农民诉求，维护农民权益，让发展成果公平地分配给每个农民。

第二，将发展与共享相统一，在发展生产力的同时，促进农民共同富裕。要巩固和完善乡村的基本经营制度，深化乡村的土地制度改革，按照股份合作制的原则，推进乡村集体产权制度改革，将股份量化到个人，让人民群众充分享受发展带来的成果，为乡村振兴提供全方位的制度性供给。

第三，提高农民组织化水平。在市场经济环境下，农民的生产决策存在严重的信息不对称问题，建立农民合作组织，可以协调小生产和大市场的矛盾，共同应对市场风险。这就需要构建综合配套、运转高效的农业社会化服务体系，转变农业发展方式，完善乡村基本经营制度，帮助农民降

成本、控风险。建立健全完善的农民上访上诉机制，让农民敢说话，说实话，根治基层“不作为”和“乱作为”，让国家的支农资源、利农政策不被截留、不被扭曲。

第四，促进公共服务均等化。公共服务均等化是践行共享发展理念的重要途径，也是乡村文化发展的基础。推进公共服务政策制订与实施的民主化、科学化，避免基本公共服务供给中的“泛市场化”问题，扩大公共财政覆盖面，践行共享发展理念，是让全体社会成员共享改革发展成果，实现乡村振兴发展“以人为本”理念的根本体现。

第三章　当代中国乡村文化建设与传播

第一节　乡村文化建设的参与者分析

乡村文化建设是项牵涉面很广的系统工程，参加者众多，大致可分为三类：①广大农民群众；②各级政府部门；③参与乡村文化建设的工作者、服务者和志愿者。

一、乡村文化建设的主体是农民

（一）农民是新乡村文化建设的主体

新乡村文化建设的主体是广大农民群众，农民是其自身文化利益和文化需求的最佳判断者。传统文化、乡村文化、通俗文化这些内容极为丰富的民间文化形态，是我们民族文化的源头活水，甚至是现代文化的根。这些文化形态，现在在城市很多难以觅到踪影，但在乡村保留得还比较完整。

文化活动不仅是农民的一种文化生活方式，更是我们民族原生态文化的生命延续，它们生机勃勃地"活"在广大农民的日常生活中。我们搞文化建设，必须关注农业、关心乡村、关爱农民，任何时候都不能忘了根本。

（二）农民的职业类型

以农民的职业类型为基础，兼及其他要素，可将农民划分为以下阶层。

1. 农业劳动者阶层

农业劳动者是指主要从事农、林、牧、渔业生产的劳动者，即传统意义上的农民。他们的生活来源全部或绝大部分依靠农业生产劳动，一般不从事或很少从事工商业劳动，与传统小农经济自给自足的特点有相似之处，是乡村中其他阶层的母体。农业劳动者还可划分为以下几种。

（1）一般农户，或称纯农户。他们专门从事小规模农业生产，其人数占农业劳动者的2/3，其经济收入水平较低。

（2）以农业为主非农业为辅的兼业户。这类农户有一定的文化水平和经营能力，平时以农业经营为主，在农闲时还能从事一些非农产业劳动，货币性收入较多，属于生活比较富裕型。

（3）农业专业户。农业专业户的素质较高，一般具有较高的文化技术水平、较强的经营管理能力，他们通常进行大规模生产，如承包集体的大片耕地、山林、果园、水面以及承包或自建家禽（或牲畜）饲养场、家庭农场等。他们的收入较高，是真正靠农业生产富裕起来的农民，代表着农业发展的新方向。

当然，从总体上而言，农业劳动者阶层的整体文化水平较低，这已为各调查所证实；由于农业比较效益较低，其货币收入以及家庭资产的平均水平在乡村也是最低的。但农业劳动者本身就处在不断分化的过程中，如通过离土离乡，在职业流动和地域流动中流向其他阶层。

2. 农民工阶层

农民工阶层依其就业身份大致可分为以下三类。

（1）乡村集体企业工人。绝大部分属本社区农民，有少部分外来工，是农民工阶层中的主体。就绝大多数乡村集体企业（含村民小组）工人而言，他们对集体生产资料具有所有权、经营权和使用权，在集体企业实行股份合作制改造后，他们还拥有部分企业资产的股权，并因这种股权而获得按资分配的收入，而不仅仅靠劳动获得报酬。

（2）城镇国营企事业单位、集体企业的农民工。他们一般以轮换工、临时工的形式进入工矿企业，大多分布在技术低、条件差、劳动强度大的工作岗位，与城镇正式职工相比，他们不享受城镇居民的各种补贴；与大多数农业劳动者相比，他们有某种技术，生活方式接近于城镇职工，无论是收入或生活，都较乡村优越。

（3）私营企业、“三资企业”和个体工商户的雇工。雇工对企业资产不拥有任何产权，他们的权利就是按照合同付出劳动后获得报酬，其中有一部分人或因有专业技术、经营能力，或因是雇主的亲朋好友、同村近邻进入白领阶层。这类雇工的收入，一般不低于乡村企业职工，但劳动强度要比一般的农民工高。

农民工阶层的文化技术水平较传统的农业劳动者高，特别是外出打工者经济收入水平在乡村居中等偏上的地位，但存在社区身份的差别，就是在乡镇集体企业，本社区职工的收入或待遇要高于外来工。

3. 乡村知识分子阶层

乡村知识分子指没有城镇户口，在乡村从事科技、教育、文化、卫生、艺术等智力型职业的社会群体，包括各类企业中的技术人员、中小学（包括幼儿园）教师、乡镇农业技术推广站的农业技术员、文化站的文化艺术工作者、乡镇医院中持乡村户口的医护人员及乡村医生等。这一阶层整体的文化水平、综合素质较高，属于农民中的知识分子。

4. 乡村个体工商业劳动者阶层

乡村个体工商业劳动者阶层是乡村中拥有某项专业技术或经营能力，用自己的生产资料或资金作为资本从事某项专业劳动或经营小型的工、商、服务行业的劳动者和经营者，是村中的能工巧匠。他们的经营活动方式有很大差别：有的摆摊设点，多集中于集镇和交通、道口、码头等适于营业的地方；有的则走村串巷，肩担手提，没有固定的经营场所，活动空间大，流动性强。个体工商业劳动者的职业多种多样，经济收入水平在乡村居中等偏上。

5. 私营企业主阶层

乡镇企业的许多联户企业实际上是私营企业。乡村私营企业主大多文化素质较高且社会经历丰富，他们有技术、懂管理、见识广，这也是他们能够取得如此成就的前提之一。私营企业主兼任企业生产资料的所有者和经营者双重角色，集业主和雇主两种身份于一体，在全部收入中，除了劳动报酬、投资报酬和风险收入外，还占有雇工的剩余劳动。

6. 乡村社会管理者阶层

我国农民内部分化成不同的社会阶层，使其思维方式、价值取向、政治诉求等呈现出多样性和复杂性的特点。农民作为一个整体，有其共同的诉求，不同阶层又有不同的要求。对不同阶层的农民，应采取不同的政策。如我们说要增加农民收入，但在东部经济发达地区，有相当一部分农民，他们主要从事第二、第三产业，已经不再是原来意义上的农民了，他们的生活已经富裕了，对这些已经富裕了的不以务农为生的农民，不能笼统地讲增加收入。

从文化的角度看，不同阶层的农民决定了他们会形成不同的群体亚文化。层次不同、归属不同的亚文化农民群体具有相同或相近的文化消费取向，一般不会轻易接触和融入其他亚文化群体的文化交往圈子。如有的农民，看电视、听广播、看报纸、串门聊天、观看政府免费提供的电影、逢年过节能观赏政府部门组织的文化演出等，就是他们的主要文化需求。而有的农民还有更高层次的文化需求，如对文化旅游、上网、参观博物馆、参加政府组织的群众大型文体活动等表现出越来越大的兴趣，其文化需求与城市市民的需求有相近之处。根据不同阶层农民的实际制定相应政策，采取不同措施。

（三）乡村文化建设应尊重农民的主体地位

在建设乡村文化的过程中“以农民为本”，就要尊重农民的主体地位，尊重农民群众的需求，倾听他们的意见，反映他们的诉求。因此，乡村文化建设，是反映民意的渠道，听取群众对文化的建议并及时调整服务内容，满足群众多层次多方面的精神文化需求。

要为广大农民群众提供广阔舞台，发挥农民群众文化创造积极性。在乡村经常可以见到这种情况：在一些乡村文化积极分子的带动、推动下，农民朋友们积极参加村里自行举办的一些文艺节目，如晚会、大型表演等。他们自编自导自演，争先恐后抢着上场，你方唱罢我登台，热热闹闹，几个小时下来都乐此不疲。这些都说明，如果政府部门提供舞台，农民参与文化活动的积极性还是颇高的。只要引导得当，乡村文化活动可以蓬勃地开展起来。因此，要发挥乡村文艺骨干的带动作用，积极引导和发动乡村群众。

二、乡村文化建设的管理者是政府

乡村文化建设中，政府扮演着管理者、引导者、组织者、建设者等多重角色。政府部门应当充分发挥乡村群众的主动性、积极性和创造性，努力加强政策把握、正确引导、监督管理等方面职能，使广大乡村的文化活动有声有色地开展起来。政府在乡村文化建设中的职能，可分为以下方面。

（一）引导乡村文化的发展

在社会转型中，乡村文化呈现出多样、多变、多元的特点。种种思潮此起彼伏，多种观念交相杂陈，在这种情况下，亟须用社会主义核心价值观引领乡村思想道德建设，有效避免社会分化可能带来的思想对立，形成团结奋斗的强大精神力量，推进和谐乡村建设。

近年来，有的基层政府尝试引导农民在思想文化建设领域中开展广泛的创建活动，其成效十分明显。如有些地方建立了群众道德评议组织，如“道德评议会”“移风易俗理事会”等；有的创立了道德评价形式，如“道德评议台”“道德新风榜”等；还有的积极开展道德评议活动，如“社会议公仆”“公民评道德”等。这些组织的建立和活动的蓬勃开展，促进了乡村文明风气的形成。

（二）组织开展文化活动

政府有关部门要根据乡村的特点，每年有计划地定期组织开展种类多样的乡村文化活动，推动乡村文化活动健康、广泛开展。在开展这些活动之前，政府部门要深入开展调查研究，了解农民喜欢、需要哪些文化产品，要设身处地地站在农民的立场考虑问题。

城市与乡村存在着巨大差异，在城市中可能有京剧、昆曲、旅游、收藏等文化活动，而乡村则长期流行民间的龙舞、狮舞、风筝、剪纸、石雕等更具平民化的艺术形式。要保持对这些在民间广泛流传的文化形式的重视，采取大众喜闻乐见的形式让这些艺术形式广泛传播。

（三）监督管理文化市场

加强对乡村文化市场的监管，如加大对黑网吧的查处和取缔力度，对网吧违规接纳未成年人加大查处力度；加大对销售非法和盗版音像制品的打击力度，进行整治和销毁；严查违法违规印刷行为等，以集镇、乡村集贸市场、学校周边等地为重点监管区域，严厉打击查缴充斥着不良内容的出版物。

（四）建立健全乡村文化服务体系

随着农业税的取消，乡镇政府工作人员从这一事务性工作中解脱出来。乡镇政府的职能重点应转变到发展乡村文教卫事业、农业科技、信息、就业和社会保障、义务教育等公共服务职能上去。

提供公共文化服务是体现现代服务型政府的重要职能之一。建立健全乡村文化服务体系以满足农民群众最基本的公共文化需求，引导乡村文化市场服务体系发展以满足农民个性化和较高层次的文化消费需求，是乡村文化建设中农民对政府的期盼和要求。

政府作为建立健全乡村文化服务体系的主体，其主要职能有：加大投入，发挥公共财政作用，完善乡村文化、体育基础设施建设，为公共文化服务体系建设提供资金保障；大力组织开展群众性文体活动；通过制定相关法律、政策，提供制度保障；大力培养乡村文化人才队伍，提供人才保障等。

（五）为乡村文化建设提供人力支持

加强乡村文化建设，关键是要建设一支过硬的乡村文化人才队伍。当前，面对日新月异的发展形势，乡村文化人才队伍建设要在以下方面下功夫。

1.建立乡村基层的文化队伍

采取多种形式，鼓励、引导和支持各界人士参与乡村文化建设，建立一支乡村基层的文化队伍。

（1）充分发挥专业艺术人员的积极性，让更多的文艺工作者、高校毕业生等到乡村基层从事文化服务基础性工作，激发文化服务工作者的艺术活力。

（2）广泛动员和鼓励高校毕业生下乡进村，壮大乡村文化志愿者队伍。壮大文化志愿者队伍，重点应在增加乡村文化服务总量方面找到合适的切入点，充分发挥志愿者的积极作用。

2.建设乡村传统文化精英队伍

建设一支乡村化、农民化和本土化的乡村传统文化精英队伍，使之成为乡村传统文化的承载者和传播者。

重视培育乡村文化的内生机制，要让乡村居民能够随时随地地享受到文化大餐，就必须要让农民自身提高文化生产能力。乡村蕴藏着极为丰富的乡村文化，农民不但有着文化创造的积极性，而且有着巨大的潜力。

三、乡村文化建设的其他参与者

乡村文化建设的其他参与者，结构比较复杂，包括参与各项文化演出的文艺工作者，为文化事业建设做出巨大贡献的幕后工作者，以及乡村自治组织和一些行业组织、社会中介组织等的从业人员等。

（一）乡村文化建设的从业人员

乡村文化从业人员一般包括以下类型。

第一，乡镇文化专干。乡镇文化专干是基层乡村公共文化事业的组织者和管理者，又是乡村文化活动的参与者和引导者，他们的积极性对于加强乡村文化建设起着至关重要的作用。

第二，乡村民间艺人。一般也称为乡村艺术家，他们本身就是农民，平时分散在乡村各地，由于共同的爱好，他们或自娱自乐，或巡回演出，深受农民群众喜爱。他们的艺术灵感直接来源于乡村，因此和农民有着天然的相通性，是乡村文化事业中最为活跃的因子。乡村可以发展场区、基地、校园、庭院文化；也可以建立村级文化协会，吸收当地有影响的农民、业余文化爱好者，鼓励他们采用农民喜闻乐见的文化形式，激发农民群众自编自演、自娱自乐的热情，以本地文化丰富本地生活；还可鼓励农民自发地组织乡村电影队、乡村文化活动中心、乡村戏院、乡村俱乐部、舞蹈健身队等文艺团队的建设。

第三，乡村文化经纪人。近年来，不少乡村文化经纪人活跃于乡村文化市场，在活跃乡村文化生活、传承民族文化方面发挥了积极作用，一定程度上促进了乡村文化市场的发展和繁荣。

第四，从事乡村文化创作的专业艺术人员、研究人员、创作人员等。这些专业人员有一个特点，就是他们的身份大多是市民而非农民，但是他们热爱乡村文化事业，长期以来也一直从事与乡村文化建设相关的职业，如专门创作乡村文学题材的作家、从事乡村文化研究的社会科学研究人员、经常到乡村表演的表演艺术家和一些行业组织、社会中介组织里专业从事乡村文化建设的工作人员等。他们一般受过高等教育，知识丰富，视野开阔，他们是城市文化资源向乡村社会渗透的桥梁。

（二）文化志愿者

志愿服务为政府分忧、为百姓解难，有着广泛的群众基础和得天独厚的优势。志愿服务领域宽、渠道广，能够广泛动员社会资源，有效弥补了政府服务和社会服务不足的问题。志愿服务形式多种多样，方式灵活便捷，成为新形势下推进精神文明建设的有力抓手，成为精神文明创建活动新的生长点。

文化志愿者是志愿者队伍的重要组成部分，而大学生志愿者是新乡村建设的一道亮丽风景。在乡村，他们积极开展科学文化知识宣传普及活动、宣传党的方针政策、宣扬社会主义核心价值观等，把科学文化知识、文化艺术、道德规范带给农民朋友，成为乡村文化建设的辅导员、传播员、示范员、讲解员。他们在乡村文化建设中主要发挥的作用包括：①开展科学文化宣传普及服务活动。②开展文艺演出活动。大学生文艺志愿者组成了文艺表演队伍，在广大乡村地区开展相关文艺演出活动。③宣传社会主义核心价值观、公民道德规范等。志愿者们在乡村开展社会主义核心价值观的宣传，使农民朋友们明白社会主义核心价值观的内容；他们还宣传提倡参与意识、自强意识、合作精神、诚信意识等积极向上的观念；他们通过图片展览、放映录像、发放资料、编演节目等形式，使社会主义核心价值观的内容被农民朋友知晓和接受。

第二节　新乡村文化建设的方法与目标

新乡村文化建设是新形势下我国文化建设的重要组成部分。文化的哺育和支撑造就了农业的发展、乡村的进步和农民的富裕。加强乡村文化建设，是大力发展社会主义文化建设的重要任务，是建设社会主义新乡村、满足广大农民群众多层次多方面精神文化需求的内在要求；对于巩固党的执政地位和提高党的执政能力，促进乡村经济发展和社会进步有重要意义。因此，我们必须大力发展社会主义，在大力发展社会主义的同时还要弄明白其内涵和新乡村文化建设的基本原则、基本方法以及发展的目标。

建设社会主义新型乡村，需要在新形势下统筹乡村经济建设、政治建设、文化建设、社会建设和生态文明建设。这是一项集经济建设、文化建设、民主建设、和谐社会建设于一体的全面推进的综合工程，这不仅仅是经济发展的问题，也是文化发展的要求。只有深刻理解新乡村文化建设的科学内涵与外延，并精准落实新乡村文化建设，才能提高乡村文化现代化、专业化水平，培养出高素质的领导集体与建设主体；才能传承优秀的传统文化遗产，树立社会主义道德新风尚，从而加快和谐新乡村的建设步伐。

一、新乡村文化建设的原则

（一）以人为本原则

大力推进社会主义新乡村文化建设，必须按照新乡村文化建设①的本质要求，坚持正确的方向和原则。其中，以人为本原则、两个效益原则、地域特色原则、创新发展原则是我们在新乡村文化建设过程中应遵循的基本原则。

新乡村文化建设要坚持以人为本，就是要紧紧围绕农民来进行；以造福农民群众为宗旨，以依靠农民群众为根基，以服务农民群众为使命，所有工作都以广大农民群众为中心来开展，满足他们的合理需求，提高他们的素质。

1.新乡村文化建设目标为的是农民

在新乡村文化建设中要坚持以人为本，首先必须实现好、维护好、发展好最广大人民群众的根本利益，不断提高农民群众的政治、文化和经济

① 新乡村文化建设，是一个关系全局的战略举措，是一项长期奋斗的历史任务，是一个内容全面的发展目标。

发展水平，以逐步缩小城乡差距为出发点和落脚点，解决为谁建设新乡村的问题。

在新乡村文化建设的实践中，坚持以人为本，就是要让农民认识到他们是新乡村文化建设的主人翁；把一切为了农民群众、实现农民群众的全面发展作为新乡村文化建设的根本目标，作为全部工作的出发点和落脚点。

2.新乡村文化建设主体靠的是农民

坚持新乡村文化建设以人为本的基本原则。农民不仅是新乡村文化建设的受益者，也是建设者。新乡村文化建设不仅最终服务农民，更重要的是使农民成为新乡村文化建设的主体，农民群众开创出属于自己的一片新天地，享受自己的劳动成果比坐享其成更能达到建设新乡村文化的目的。

农民群众积极性的发挥与乡村文化建设的速度、质量密切相关，要想激发农民的积极性和创造性，首先要相信农民的潜力和能力。在新乡村建设中充分依靠农民的智慧，充分尊重农民的独立性、自主性和创造性，使农民具有主宰意识，要善于把政府的力量、社会的力量以及农民的主体力有机结合起来。

3.在新乡村文化建设中落实以人为本

新乡村文化建设的目的就是使农民共享改革发展和现代文明的成果，从根本上改变农民传统的生产方式、生活方式、交往方式和价值观念，引导农民提高素质、转变观念。具体地说就是在经济发展的基础上，不断地提高农民的思想道德素质、科学文化素质。因此，在新乡村文化建设的过程中，必须把以人为本的理念贯彻落实在新乡村文化建设的发展思路、发展战略、发展措施上，一切从农民群众的根本利益出发，致力于促进农民群众的全面发展和综合素质的提高。

以人为本，落实到新乡村文化建设中，最关键的一点是要提高农民群众的精神文化素质。因此，我们在新乡村文化建设中，既要努力丰富广大农民群众的文化生活，同时又要想办法提高他们的受教育程度。

（二）创新发展原则

建设新乡村文化要有创新精神。创新是一个民族进步的灵魂，是一个国家兴旺发达的不竭动力，也是一个政党永葆生机的源泉。进行乡村文化创新与改革势在必行，创新发展原则也必然成为社会主义新乡村文化建设的一项基本原则。

创新和完善新乡村文化建设机制，体现在以下几方面。

首先，完善领导工作机制。各级政府应将新乡村文化建设纳入经济和社会发展规划，将乡村文化建设的任务纳入年度考核内容，将服务乡村、服务农民情况作为文化部门工作的重要考核任务。同时明确乡镇党政主要领导对乡村基层文化工作负总责，党委宣传委员用主要精力抓好乡村宣传文化工作，为推动乡村文化建设提供组织保证。

其次，创新管理机制，提升乡村文化工作的管理水平。建立一整套系统的评价标准和评价制度，对乡村基础文化设施的建设和文化设施的利用情况及利用效果进行评价，还要把乡村文化建设工作的优劣列入领导干部的业绩考核范围之中，调动广大干部的乡村文化建设积极性。

最后，创新乡村公益性文化服务运行机制。要改变过去“以钱养人”的局面，实现向“以钱养事”、政府购买公共文化服务等新机制的转变，形成乡村公共文化服务的新模式。

总之，新乡村文化建设要真正取得成效，必须坚持创新发展原则。这就要求乡村文化必须更加注重自觉创新，实现文化内容、文化形式、文化手段的创新，努力找准契合点，不断打造新亮点，这样才能更好地满足乡村群众日益增长的精神文化需求。

二、新乡村文化建设的方法

新乡村文化建设是一项长期又艰巨的系统工程，在这个建设过程中必须按照新乡村文化建设的本质要求，健全城乡文化一体化发展机制，坚持以统筹促发展、以共建促共享、以产业促繁荣的方法。

（一）以统筹促发展的方法

我们要紧紧围绕落实科学发展观、构建社会主义和谐社会的要求，统筹发展乡村文化事业，加强对乡村文化建设的重视和投入，巩固和发展乡村社会主义文化阵地。各级、各部门要按照城乡统筹发展、经济社会协调发展的要求，把乡村文化建设放在与城市文化建设、乡村经济发展同等重要的位置，加大投入扶持力度。

统筹发展新乡村文化是一项系统工程，需要方方面面的共同努力。加强乡村文化制度建设，鼓励创新，加大政府政策的执行力度，进一步促进乡村文化的发展。

1.乡村文化统筹发展

统筹发展离不开群众的支持，因此，加大对群众的切身利益的保护，是构建社会主义和谐社会的题中之义。随着经济生活水平的不断提高，广大农民对文化生活的需求也日益增长，与之形成反差的是，乡村文化发展的总体水平与经济的地位不对称。当前新乡村文化建设要特别体现大众情怀，眼光向下、重心下移，面向基层、面向群众，像工业反哺农业那样扶持乡村文化，大力推进新乡村文化建设上新水平，为全面建设文化大国创造条件。

统筹发展新乡村文化建设，是新乡村建设的必然选择，因此，在新乡村文化建设中，必须确立统筹发展的理念。要把这种理念贯穿于新乡村文化建设的各个方面，无论是文化设施布局、文化经费投向，还是文化生活安排、文化产品生产等方面，都要体现统筹、协调发展的要求，这样才能更好更快地推进新乡村文化建设，保障广大乡村群众共享文化建设成果。

2.加大政策扶持力度

在政府推动下采取倾斜政策，强化市场配置，实施带动战略，落实体制保障，使行政、经济、市场手段多管齐下、多方并举，才能实现真正的统筹发展，为新乡村文化产业建立一个协调发展的大环境。

在财政上要加大对乡村地区的倾斜，各级财政在统筹城乡文化规划时，要加大向乡村倾斜的力度，加大对乡村文化建设的投入，扩大公共财政覆盖乡村的范围，在增加政府对乡村文化建设投入的前提下，调整资金使用方向，不断提高用于乡镇和村的比例。

（二）以共建促共享的方法

在全面建设社会主义新乡村的过程中，突出抓好文化共建共享工程是现阶段乡村文化建设现状的必然要求，也是新乡村文化建设的基本方法。

1.共建与共享是新乡村文化建设的基本方法

社会主义和谐社会要“在共建中共享，在共享中共建”，这不但体现了社会主义和谐社会的本质要求，而且指明了构建社会主义和谐社会的一个根本方式。

共建共享，就是要加强统筹管理，建立协调机制，明确责任，优化资源配置，做到物尽其用，人尽其才，发挥整体优势，提升综合效益。因此，社会主义新乡村文化建设要充分体现出“在共建中共享，在共享中共建，以共建促共享”的方法论思想。

（1）“共建共享”的思想强调的是建设与享受之间的辩证统一，体现了辩证地把握矛盾对立统一的方法论。共建与共享是始终贯穿在社会主义新乡村文化建设全过程中的一对基本矛盾，要求我们在实践中辩证地把握共建与共享的相辅相成关系，以共建为共享提供物质基础，以共享为共建提供精神动力；共建促共享，共享促共建，不断推动社会主义新乡村文化建设。

（2）“共建共享”突出了一个“共”字，在方法论上强调了社会主义新乡村文化建设必须坚持以人为本。社会主义新乡村文化建设不能依靠少数人建，更不能让少数人享有，而必须坚持广大农民共同建设，共同享有。因此，推进新乡村文化建设，要求我们把共同建设作为根本途径，紧紧依靠农民群众，团结一切可以团结的力量，调动一切可以调动的积极因素，最大限度地激发广大农民群众参与新乡村文化建设的热情和创造活力；把共同享有作为根本目标，努力实现好、维护好、发展好最广大农民的根本利益。因此，共同建设、共同享有，既是新乡村文化建设的出发点，又是其落脚点。

加快文化共建共享建设，是全面履行政府职能、促进公共文化服务体系建设的重要内容，是培养新型农民、推进社会主义新乡村建设的重要途径，是缩小城乡差别、打破落后地区信息闭塞状况、促进乡村文化跨越式发展的重要抓手，也是加强精神文明建设、用先进文化占领乡村文化阵地的有力措施。

2.全国文化信息资源共享工程

优先安排关系群众切身利益的文化建设项目，如广播电视村村通工程、社区和乡镇综合文化站（室）工程、全国文化信息资源共享工程，将文化共享工程作为“坚持协调发展，加快社会事业建设”的重要内容。

文化共享工程提高了乡村信息化水平，丰富了广大农民群众尤其是经济欠发达地区群众的精神文化生活，保障了农民群众的基本文化权益，初步满足了农民群众不同层次的文化需求。例如，2015年全国文化创新工程项目之一的全国文化信息资源共享工程文化微博平台（由陕西分中心开发），内容包括以下方面：

（1）展现地域特色，宣传地方文化。平台上的视频资源按地域汇聚，各省份可以模块化定制和扩展，自主建设资源，地域特色鲜明，目标用户准确。

（2）分类通俗易懂，实现社交功能。为增强互动，从用户角度出发，资源以汇聚大文化为基础，争取做到栏目分类合理。同时引入社交网络的设计理念，通过好友间的关注与评论，以及建设共同爱好的文化圈，让每一个视频资源都能有效地传达给自己的朋友或有共同兴趣的用户。

（3）增设直播功能，展现工程特点。平台上设置实时直播功能。只要网络允许，用户不需要赶到公共电子阅览室或各地图书馆的多媒体放映室集中观看，可以第一时间通过移动设备欣赏。

（4）独特下载站点，满足基层需求。通过审核的单位注册用户，可直接选择适用资源下载，以移动存储播放器的方式满足基层单位集中放映的需求。

（5）多级安全管理，实时统计分析。浏览用户只能收看，注册用户可提交评论，实名认证用户则拥有随拍随传、上传视频的权限。这些创新面向乡村、面向基层，不仅拓展了文化共享工程的受众面，而且丰富了共享工程服务内容，完善了服务方式和服务手段。

（三）以产业促繁荣的方法

文化产业作为一种新的经济方式，不仅可以促进乡村文化发展的原创性变革，也可以促进乡村经济方式的转变，从而为社会主义新乡村建设贡献力量。

在新的历史机遇面前，如何发挥文化产业后发优势，加快实现文化产业化，繁荣乡村文化市场，满足人民群众不断增长的精神文化需求，推进社会主义新乡村建设进程，是一个迫切的任务。为此，必须加强对乡村文化资源的调查、发掘与产业开发，深化文化体制改革，尽快形成和完善乡村文化产业发展的投资机制、文化产业人才的培养机制，培育乡村文化市场，规范市场运行机制，形成有利于乡村文化产业发展的政策环境，调动全社会的力量和积极性，共同推进乡村文化产业的发展和繁荣。

第一，结合实际情况，因地制宜，突出特色，发挥优势。文化产业的发展，不能脱离本地的实际情况。

第二，加强乡村文化产业队伍建设。文化产业是知识和人才集中的产业，新乡村的文化产业开发，人才方面的制约因素非常明显。因此，培养文化产业人才是实现乡村文化产业化的根本所在。要逐步培育有经验、扎根乡村又善于学习的文化经营人才，使之发挥乡村文化生力军的作用，带动乡村文化的繁荣，不断探索文化产业的形式，培育文化产业的生长点，使新乡村的文化优势得以充分发挥。

三、新乡村文化建设的发展目标

（一）丰富精神文化生活与保障基本文化权益

1.丰富精神文化生活

农民的生存和发展，不仅要有经济生活，而且还要有相应的文化生活。文化对人的影响是深远的，文化的实质是塑造、培育、改造人的内在精神世界。因此，文化建设是促进人全面发展的重要条件。只有切实加强和改进乡村文化建设，才能顺应农民群众的意愿，保障农民群众的文化权益，丰富他们的精神世界，增强他们的精神力量，不断地满足他们日益增长的精神文化需求，进而促进人的全面发展。这也是我们加强乡村文化建设的根本目的所在。

2.保障基本文化权益

维护农民群众基本文化权益，是党和政府的责任。对于农民群众的基本文化权益，政府要责无旁贷地予以保障。随着乡村经济的发展，农民的物质生活条件不断改善，在温饱问题基本得到解决之后，农民群众对于精神文化生活的需求日益迫切。

乡村文化从本质上讲是公益性文化，加大投入力度，大力发展公益文化，可使农民群众的基本文化权益得到更好保障。发展公益文化，必须坚持以政府为主导，要转变政府职能，不断加大财政对图书馆、广电通村、农家书屋、农民群众文化活动场馆等投资力度，特别是要解决好基层社区和农民群众看书难、看电影电视难、健身难等实际问题。

（二）实现文化致富

除了国家政策支持，探索出一条乡村文化致富的新路子才是让农民富裕的不竭之源。在新乡村文化建设过程中，“文化富民”是其中一项重要的目标。

1.文化与农民致富的关系

文化是人类的精神活动及其产品的总称，它和经济、政治相互联系，相互影响，相互作用。文化受经济和政治的制约，但又以巨大的反作用推动或阻碍其发展和进步。在经济与文化一体化的趋势下，产生了一种“文化经济”或“经济文化”的新经济形态，它不是经济与文化的机械混合体，而是“经济文化化”与“文化经济化”两种趋势交叉融合而产生的社会系统综合体。

实现文化与经济的结合，既是乡村文化建设的经验，也是新乡村文化发展的方向。必须从战略发展的高度充分认识文化与经济的相互关系以及实现文化致富的重要性，发挥文化事业在新乡村建设中的重要作用，促进乡村文化建设与政治、经济和社会的协调发展。建设新乡村，必须夯实物质基础。

实现乡村文化可持续发展的根本动因在于调动农民自身积极性。文化建设只有与农民群众的生产经营活动紧密结合，农民才不会失去积极性，乡村文化产业才有生命力。因此，作为新乡村建设的重要组成部分，新乡村文化建设必须很好地与农民致富结合起来，必须以实现文化致富，破解“三农”难题为发展目标。

2.提高农民素质

致富与文化存在着直接的关系：劳动力素质的差异使就业机会和效益存在差异，农民文化技术水平的高低、经营能力的强弱直接影响收入的多少。因此，要实现文化致富，破解“三农”难题，首先要提高农民思想文化素质，引导农民用先进思想改变观念，用先进理念引导发展；引导农民调整产业结构，拓宽致富门路。

3.探索乡村文化致富新路

在新乡村文化建设致富农民的过程中，应形成以政府为主导，以农民为建设主体，以文化项目为建设载体，通过“政府+企业+农户”的建设主体多元性和利益共享性的建设模式，实施社会主义新乡村文化致富工程。

第三节　乡村文化传播的方式

一、政府主导的自上而下的乡村文化传播

政府主导下的乡村文化传播在村组织一级、乡镇一级和县一级分别开展。

第一，村组织一级的乡村文化传播主要有两种渠道：一是在村委会名义下挂牌的“综合性文化服务中心”，根据需要设有农家书屋、文艺活动室、书报阅览室、儒家学堂等；二是通过村支书、文化专员、妇女主任号召宣传、组织乡村集体文化活动。这两种方式都是按照上级政府的要求，以对标对表地完成任务为导向。

第二，乡镇一级的文化建设有两种展开方式：一是通过文化站工作人员对各乡村的文化实践进行评估和指导，进而活跃乡村文化；另一种方式是组织文化活动，激励村民参与。

第三，县一级的文化建设方式主要包括：一是指导和统筹建设乡村文化广场、购置图书、实施电影进村工程、配置设备等硬件设施的保障和推进；二是组织每年一度的文化下乡、文化进校园等活动；三是派遣文化人员进入乡镇和村庄，组织村民开展关于文化活动方面的学习和培训。

二、村民自发组织的乡村文化传播

无论在传统社会还是现代社会，村民自发组织的乡村文化传播总有一席之地，而且举足轻重。甚至，在乡村文化集体活动中，少数村民可以决定一个乡村的文化面貌和状态，因此成为一种重要的乡村文化传播模式。

此类文化建设主要通过以下形式具体展开。

第一，由本村的文化精英、政治精英或社会精英为主体展开。乡村精英往往有雄厚的经济基础，热心于乡村文化公益活动，有良好的社会资本，在乡村社会和乡村事务中具有话语权。如果是村内的精英，他们往往因为在乡村文化中有明显的特长或掌握一定的公共资源而受到村民的尊重，如果是村外的精英，大都因为创业成功积攒了较为丰富的社会资本，回馈乡村，从而影响乡村文化传播实践。

第二，"趣缘"关系形成的文化自发组织的推动。因为文化方面的兴趣爱好自发形成的小团体，他们在日常生活中表现为一个"具有共同信仰的"组织，通过参与舞蹈、演唱、乐器、戏曲等文化活动来表达一种社会性的存在，也成为他们的生活方式。这个小群体满足了乡村社会的文化需求，通过影响家人及周边的人，带动村民参与其中，从而实现乡村文化传播的目的。

这两种形式的建设模式效果明显，主要体现在村民的主动性、参与性和热情度上。这种建设方式正是从村民自己的实际需求出发，契合乡村社会的生产生活实际，引发村民的集体认同和参与。

三、市场主导的乡村文化传播

在乡村文化传播中，市场因素往往是积极的、灵活的，会随着乡村社会文化需求随时作出调整，并影响乡村社会的重要仪式。市场因素通过以下形式发挥作用。

第一，通过提供乡村文化传播的硬件设备的形式，以刺激和满足乡村文化需求。如各地影像店根据技术的发展，推销各类视频播放器、音响设备、表演服装和道具等，为乡村文化的日常化提供技术保障，有效地和日常生活进行融合。

第二，婚庆市场通过广告宣传的形式，对乡村婚嫁仪式和观念产生影响。如到处都能看到的各类大型墙体广告，其中一个重要内容是婚纱和婚庆广告。而拍摄婚纱和邀请婚庆公司主持婚礼成为很多年轻人的首选，时尚大气、轻松方便的“一条龙”服务符合年轻人的胃口。

第三，通过演艺公司和文化宣传部门合作的形式，宣讲主流意识形态。有些地方的文化下乡活动都是通过与演艺公司的合作来完成的。

四、以风景为基础的乡村文化传播——乡村旅游

（一）乡村旅游的特点与要素

1. 乡村旅游的特点

第一，益贫性。当前旅游覆盖面广、关联度高，具有“1+2+3”的叠加效应与“1×2×3”的乘数效应，能有效促进乡村一、二、三产业融合，改善乡村公共基础设施建设和公共服务；带动当地居民就业，是乡村经济增长的新引擎；释放乡村旅游的富民效能有助于缩小城乡差距，加快城乡建设一体化步伐。乡村旅游目的地多为广袤的乡村地区，而这也正是我国贫困多发地带。

第二，可持续。乡村旅游具有显著的社会效益、经济效益和生态效益，有利于实现人与自然、社会的和谐相处。乡村旅游“三生（生产、生活、生态）一体”，既能保证农业生产功能，又能带动经济效益显著提高，因此是一种可持续旅游。尤其是近年来流行的休闲农业，依托于乡村原生资源，将传统农业生产功能延伸到观光、休闲、采摘、加工等产业链条，特别是采摘项目，能为农户带来可观、持续而稳定的收入，同时还节省了雇佣人力成本以及农产品运输、存贮、销售成本，成本低、投入少、见效快。

第三，乡土性。现代社会的生活节奏不断加快，现代都市工作和生活常常带给人们各种压力，乡村成了一个休闲恬静的世外桃源。乡村以其优美的田园自然风物和特色的传统风俗民情，带给人们不同于城市的生活体验。乡村也有着不同于城市的生活饮食习惯，能够让那些来自都市的疲惫的游客获得短暂的放松，重新获得轻松与愉悦。返璞归真重返自然是根植

在我国民族精神深处的向往，古来就有归园田居的颂歌。乡村以其优美惬意的风光和家常美食菜肴吸引着人们的到来，并且给人们一个放松和休息的空间。

我们可以说，乡土性是乡村旅游的根本特性，是乡村有别于城市的地方，也是乡村能够从城市地区吸引游客的主要原因。乡村如果丧失了乡村性，那么它在乡村旅游的发展中也就丧失了竞争力。乡村富有特色的传统生活方式，各种农业劳作器具和乡村生产体验等，吸引着城市游客的注意力，带给他们旅游的新奇感和愉悦感。人们来到乡村，可以享受乡村的慢生活，品尝乡村烧烤，坐在星空下看星星，置身于充满田园风情的景物中，深入乡村、了解乡村，并获得乡村旅游的快乐。

第四，景观丰富。有比较丰富的传统旅游吸引物的乡村地区，其旅游开发则主要表现为对于土地的利用和市场的开拓。乡村旅游向游客展示的是历经千年积淀并传承至今的生态文明和农耕文明，乡村的一草一木无不具有鲜明的地方特色和民族特色，以及浓厚的乡村气息。乡村的自然风光清新质朴，乡村的风土人情独具魅力，乡村还有风味独特的菜肴、古朴的村落民居、传统的劳作形态、传统的手工制作。这些“古、真、土”的景观特质是乡村特有的资源禀赋，吸引着城市居民到乡村开展丰富多元的旅游活动，如风光摄影、秘境探险等。

第五，时空多样。乡村地区的景物风光在不同的季节表现出不同的形式，而不同地区也有着不同的乡村风物。因此，多样的时空是乡村旅游资源的一个显著的特征，主要表现为地域的差异和季节的差异。地区的气候条件、地形地貌条件等影响着乡村地区人们的生活和发展，形成不同的风俗习惯，因而不同地区旅游有着显著的差异。尤其是我国，南方地区的乡村和北方地区的乡村，东部地区的乡村和西部地区的乡村，皆存在很大的差异。

季节差异也是影响乡村旅游的重要因素，因为乡村旅游的开展在很大程度上依赖于植物和农作物等的情况，依赖乡村地区的气候和环境，这些因素在不同的时间有着不同的表现。因此，随着季节的变化，乡村地区的旅游资源也呈现出不同的面貌。春有春花，夏有绿茵，乡村在一年四季都呈现出不同的形态，乡村景物的四季变化带来了不同的风光，也带来了各种应季的食物和特产。乡村旅游常常存在着明显的淡季和旺季，这导致了乡村资源的空置和乡村居民收入的不稳定性。

第六，参与和体验。乡村旅游在旅游方式上与城市旅游有很大的区别，城市旅游往往是偏向纯观光的旅游方式，而乡村旅游可以让你拥有参与感。游客来到乡村以后，不仅能够欣赏到美丽的自然田园风光，还能够参与到一些具体的农家活动中，去体验一番劳动的乐趣。在农家乐中，游客可以体验到最原始的制茶工艺，可以亲自参与采茶、炒茶、泡茶的全过程，或是到田地里参与农耕，亲手采摘瓜果蔬菜等；如果是在渔家乐中，游客还可以参与垂钓、划船等活动。来到乡村旅游的人们不再是纯粹欣赏风景的观光客，而是能亲自走到田间地头去感受最淳朴的乡村风情的参与者，去体验最真实的农家生活。

乡村旅游所具有的体验性特征是许多游客被吸引而来的原因，乡村旅游内容广博，集观光游览、康养保健、休闲度假、寻根访祖、科普研学、特色体验于一体，适应了当前旅游消费结构的多元化、个性化需求。在观光农园中，游客可以参与农业生产的全过程，在果农的指导下，享受施肥、灌溉、除草、剪枝、套袋、采摘等务农体验。长期生活在城市里的群体是乡村旅游的主要参与者，这个群体中有一部分人出生在城市，乡村生活对他们来说是完全陌生的，从而对乡村产生了好奇和向往；另一部分人原本就来自乡村，但是他们远离熟悉的乡村生活的时间已经太久了，乡村旅游是一个契机，他们试图借此机会去找回那段深埋心底的珍贵回忆。基于这样的背景，游客对乡村旅游的体验性自然会特别在意，因为这段旅程能让他们获得全新或曾经熟悉的生活体验。

第七，城市为依托。由于乡村的自然环境、生活和生产状态，乡村旅游只能以休闲为主，较难吸引远距离的游客，所以区域内的人群才是乡村旅游的主要客源。浓厚的乡村气息是乡村旅游的特色之一，所以乡村旅游对原本就生活在乡村的人来说，是没有吸引力的。相反，对那些终日被钢筋水泥包围的城市居民来说，他们对高度商业化的都市已经产生了厌倦，巨大的工作压力和浑浊的空气让他们想逃离城市，这些因素叠加在一起，让他们对乡村旅游满怀憧憬和期待。

2. 乡村旅游的要素

乡村旅游是适应当今社会经济发展的需要和城市居民自发萌生的旅游需求而起步、发展并壮大起来的，可以从旅游业食、住、行、游、购五大要素来概括。

第一，乡村旅游要"吃农家饭"。在节假日到乡村来品尝"土得掉渣儿"的农家菜，换换口味，是很多城里人选择乡村旅游时考虑的首要因素。无论是农民自种自养的时蔬瓜果、家禽牲畜，还是打渔狩猎而来的江湖海鲜、山珍野味，对吃惯了精细菜肴、厌倦了酒席盛宴的城里人都具有极大的吸引力。餐饮服务是乡村旅游的重要组成部分，也是乡村旅游收入的重要来源之一。

第二，乡村旅游要"住农家屋"。乡村农户的居住条件虽然在硬件设施上不能与城市里的公寓高楼或星级酒店相媲美，但前者却拥有后者无法望其项背的自然环境优势。田园山水、干净卫生、舒适安全的居住环境，能极大缓解都市人终日紧绷的神经，令他们身心放松，压力顿消。农家住宿也是吸引城里人到乡村旅游的重要原因之一。

第三，乡村旅游要"干农家活"。形式多样、丰富多彩的乡村生活，提高了游客的参与性和积极性，通过一系列的互动，不仅让人增长见识、开阔视野，还让人锻炼身体、陶冶性情。乡村农户自力更生、自给自足的劳动方式对城市人有着不小的吸引力，如田间耕种、果园采摘、钓鱼织网等。

第四，乡村旅游要"享农家乐"。这里面主要包括上面提到的干农家活，即乡村的生产劳动，还有乡村民间世代相传、延续成风的乡村活动，包括祝寿、嫁娶、岁时节庆等，各有鲜明特色，令人印象深刻。对游客最有吸引力的是各种文化艺术传统的"活化石"，如放风筝、划龙舟、唱山歌、赶庙会等。这些文娱表演集表演性、观赏性、参与性于一身，种类繁多，生动有趣，让游客在欣赏参与的同时，了解乡村千百年来积淀而成的深厚博大的文化传统，意义深远。农家乐就是要提供给游客花样百出不断创新的活动项目，尽量延长游客的逗留时间，真正让他们乐而忘返。田园风光，土菜野味，茅舍村落，都是能让城里游客感到快乐的因素。

第五，乡村旅游要“购农家物”。乡村旅游商品富有地方风情，乡村气息浓郁，具有绿色环保和文化底蕴深厚等特点，无论是草鸡蛋、野山菌等绿色食品，还是石雕、木刻、竹制品等民间工艺品，以及刺绣、编织、印染等手工制品，这些对平时只能购买千篇一律流水线生产的工业化产品的城市人来说，都具有强烈的吸引力。旅游购物在旅游产业要素中是整个旅游活动的延伸。

（二）乡村旅游的重要性

不可否认，乡村旅游能在一定程度上推动乡村经济的发展，但是我们不能将其仅仅视为经济手段，从本质上来说，乡村旅游是为构建乡村理想家园服务的，它应当是建设新乡村的一种文化手段，是人类心灵栖息地的天堂。乡村旅游的重要性体现在以下方面。

（1）有助于城市带动乡村。乡村旅游可以促进城乡之间的互动，有利于城乡统筹发展。通过乡村旅游这个途径，来自城市的游客会在潜移默化中把城市的政治、经济、文化、意识等信息带到乡村中，农民也在与游客的交流中自然地接收到了现代的意识观念和生活习俗，农民素质也因此得到提高。

（2）有助于国民经济的增长。乡村旅游现实和潜在的消费需求都非常旺盛，不仅符合城镇居民回归自然的消费心理，而且有利于开拓农民眼界。乡村地区是旅游资源富集区，乡村旅游业的发展极大地丰富了旅游产业的供给体系，成为中国旅游产业的主要支撑。

（3）有助于发扬地区的特色。乡村的优势和特色是乡村独有的景观和不可替代的资源。与此同时，就算是同类的乡村地域景观和资源，当它们出现在不同的区域中时，也会衍生出不同的景观特点和文化传统，发展乡村旅游的客观基础就是这些区域呈现出的相对优势和特色。合理的乡村产业结构要在市场结构的基础上形成合理的地域分工，充分发挥各地的优势和特色，从而促进地域经济系统良好运行。产业结构是在自然条件与社会经济条件，以及市场条件相结合的基础上形成的，讲求因地制宜。各地的产业结构是各不相同的，都是根据自身发展条件形成的，这是因为各地在自然环境、资源条件、劳动力状况、基础设施等方面是具有显著差异的。产业化经营基地和丰富的人造景观也是乡村旅游的特色之一。我国中部地区是粮棉油的主要产区，这一地区人口众多，有丰富的耕地资源，加之适宜的气候条件，各种类型的种植业、养殖业都发展得很好，同时，这些专业化的农业产区也是丰富的乡村旅游资源，各具特色和优势。

（三）乡村旅游的功能体现

（1）改变乡貌。乡村旅游使乡村的生态环境、社区居民的精神面貌、乡风文明等得以改观。

（2）审美享受。乡村地区的自然风光给人以心旷神怡的感受，具有很高的自然审美价值。田园生活是很多都市人的梦想，而归园田趣是我国流传久远的传统意趣。乡村有着新鲜的空气，有着生态种植的蔬菜瓜果，有着别样的乡村田园生活情致。长期生活在城市中的人们，有着繁忙的生活，居住在缺少旷野的地方，当他们来到乡村，会有一种非常愉悦的审美感受，这就是乡村的审美功能。

（3）缓解压力。乡村旅游的一大特色是休闲，乡村生活有着不同于城市生活的慢节奏，人们日出而作，日落而息，乡村生活是都市人释放生活和工作压力的一个方式。旅游者达到乡村后，忘却生活的烦恼，释放心中的压力与不愉快。乡村旅游是人们缓解压力的好方式。

（4）教育体验。随着城市化的不断发展，很多小孩从出生以来就生活在城市中，他们对土地和农作物十分陌生。很多家庭常常带着孩子一起去乡村地区旅游，以便在旅游的过程中，教孩子一些关于农业生产和大自然的知识。孩子可以通过参与农业活动了解关于农业生产的秘密，也可以在品尝乡村菜肴的过程中了解植物和蔬菜，在愉悦的乡村游玩过程中学习到关于自然的知识。

（5）致富。以乡村旅游的发展带动乡村地区的发展，将城市的资源向乡村地区引流，让城市发展带动乡村发展，从而提高乡村地区的经济水平，提高乡村居民的收入水平。随着乡村旅游的开展，大量的流动人口涌向乡村地区，他们有着很大的消费潜力，很多商业机构和机会也会涌向乡村地区，进而推动乡村地区的发展。乡村地区的产业发展和基础设施建设又为乡村居民提供了大量的就业机会，乡村居民有了实现自身价值的地方，并且获得劳动报酬，这一系列的产业发展可改变乡村地区的经济面貌，提高乡村地区居民的生活水平，从而走向富裕。

（6）文化传承。在中国的城市化进程中，比较显著的一个特点就是，城市都是千篇一律的发展模式，但是乡村地区却保留着很多传统的要素，保留着传统的生活生产习惯和民居。大体上可以说，乡村地区是传统文化的保留地，因此都市人可以通过乡村旅游了解到传统久远的特色风物。

第四章　当代中国乡村文化传播的服务体系

第一节　乡村文化传播服务体系的特点与现状

一、乡村文化传播服务体系建设的意义

加强乡村文化传播服务体系建设具有重大的理论和实践意义，能够有效推进乡村振兴的实践工作，有利于乡村实现产业兴旺、生态宜居、乡风文明、治理有效、生活富裕，能够满足广大农民的基本文化需求，有利于发展农村经济、提升农民素质，使农村社会更加稳定。

第一，乡村文化传播服务体系建设推动产业兴旺。对于乡村振兴大业而言，产业兴旺是重中之重，要做到产业兴旺就要大力开发人力资本。乡村文化传播服务体系建设能够打造高素质农民队伍，有利于解决农村科技人才和管理能力方面的不足，以人才推动产业发展，从而实现农业管理系统机制的建设，促进农业与其他产业的有机融合。

第二，乡村文化传播服务体系建设能够打造宜居环境。乡村与自然环境密不可分，要使乡村适宜居住，就要以人和自然的和谐相处为理念。乡村文化传播服务体系建设可以在一定程度上保护传统村落等自然与文化遗产，从而构建宜居、可持续发展的自然环境和居住环境。

第三，乡村文化传播服务体系建设促进乡风文明。乡村文化传播服务体系建设能够汇总整合乡村优质的文化资源，弘扬积极向上的乡村精神，摒弃低俗的文化内容，提升农民的科学文化素质，使农民自主、自愿地发展自我，提升创造力，在自我实现的幸福感中为家乡发展献计献策，促进乡村的发展振兴。

第四，乡村文化传播服务体系建设推动乡村治理。乡村振兴不仅在于经济方面，还要实现经济、文化、社会和环境的协同发展。乡村文化传播服务体系建设能够将乡村的公共服务资源优化，完善农村公共文化基础设施，健全乡村治理体系，使服务资源更加均等，提升农民的生活质量，推进国家治理体系和治理能力的现代化发展。

第五，乡村文化传播服务体系建设有助于实现生活富裕。乡村文化传播服务体系建设可以切实有效地帮助农民提高文化素质，掌握更多更先进的劳动技能，使农民身心得以全面发展，一方面加强了乡村人才的培养，另一方面帮助农民通过增收致富提高生活质量，从而全面实现乡村生活富裕。

二、乡村文化传播服务体系的特点

乡村文化传播服务体系的建设发展是一项惠及广大农民群众的文化工程，具有公共服务均等化、供给渠道多样化、决策机制民主化、管理体系法制化等多个特征。

（一）公共服务均等化

公共服务均等化指的是每一个农民都能够获得政府提供的基本公共文化服务与公共产品，这些产品对每一个农民都是平等的。这是平等与正义的体现，是建设现代公共文化服务体系的过程中所努力的方向。公共文化服务均等化的实现一方面有利于农民享受到最基本的文化服务，满足他们的基本需求；另一方面能够在一定程度上缩小城乡差距，守住公平的底线。

（二）供给渠道多样化

虽然公共文化服务供给的主体是政府，但是充分调动社会多方面力量，让更多的团体参与其中也至关重要。其他社会团体的参与能够扭转政府单一供给的局面，为大众提供更加多样的选择，从而进一步激发人民群众对优秀文化的热爱。其有以下作用：可以使市场参与到公共文化服务事业中来，通过竞争机制实现服务质量的提升；可以充分调动社会组织参与其中的热情与积极性，使主体呈现出多样化态势，并且使每个主体都能够发挥自身优势，主体之间彼此沟通、彼此协作，实现优势互补，满足农民对乡村文化服务的多样化需求，从而大大提升农民文化生活质量。

（三）决策机制民主化

随着社会的发展和人民生活水平的提高，广大农民对社会有了更高层次的要求，其中民主化要求是最明显的一点。对于广大农民而言，过去的决策机制已经不能满足时代发展的需要，实行民主化以确保现代化公共文化服务体系的运行至关重要。

乡村公共文化服务供给最主要的对象就是农民群众，因此，政府必须坚持以人为本，从农民群众的根本利益出发，充分听取他们的意见，考虑他们的意愿，切实满足他们的实际需要。在制定公共文化服务决策目标及实践中，要以平等为原则。通常，农民群众的需求表达力不强，这就更应充分考虑他们的意愿，同时还要积极宣传农民享有的正当政治权利，培养农民群众的公共意识，加强农民的需求表达能力培养，提升他们的政治参与能力和文化素养。

（四）管理体系法制化

我国是社会主义法治国家，基本方略是依法治国，任何工作都要做到“有法可依、有法必依”。在乡村文化传播服务体系建设工作中，一切行为都要符合法律法规，要依照法律法规建立并不断完善法制化管理体系，服务主体的职责要清晰明确，管理要有据可依，这样做能够在很大程度上减少违法乱纪行为的出现，从法律的角度保障乡村文化传播服务体系的健康发展。

三、乡村文化传播服务体系建设现状

多年来，我国社会始终在不断发展进步的道路上，特别是公共文化服务工程建设得到了各级政府的大力推进。其中，市县镇村四级公共文化服务体系建设水平有了极大的提升，这有利于满足农村群众的文化需求。

在建设思路方面，“四有”（即有统一标准、有健全网络、有充实内容、有专业人才）始终是必须要坚持的标准。在设施网络建设方面，从县级机构开始扩散，实现县镇村的联通。在建设内容方面，对“三农”题材应加以鼓励，使更多乡村振兴实践方面的文艺作品能够问世。在人才保障方面，要吸引更多的公共文化人才前来，同时也要培育本地人才，共同参与到乡村文化建设工作当中去。在资金保障方面，要主动吸纳社会资本。

（一）公共文化服务网络初步建成

2018年9月，中共中央、国务院印发《乡村振兴战略规划（2018—2022年）》，要求“推动城乡公共文化服务体系融合发展，增加优秀乡村文化产品和服务供给，活跃繁荣乡村文化市场，为广大农民提供高质量的精神营养”。按照战略规划，各级政府高度重视，加大乡村文化服务体系建设的财政投入力度，改造公共文化设施，构建公共文化服务网络，积极为农民参与公共文化活动创造条件。

不断创新基层公共文化服务模式，努力形成“人员互通、资源共享、服务联动”的格局，逐步实现县域公共文化服务的统筹、规范和均衡发展。目前，乡村文化活动室、图书室、文化广场等基层文化体育、科技教育等综合性文化服务机构已基本普及，乡村数字图书馆、乡村远程教育中心、乡村网络服务中心、乡村文化网上展馆等网络载体逐渐出现并投入使用。

（二）公共文化产品供给状况有所改善

在农村经济迅速发展的大背景下，大多数乡村都已经建立起了比较科学、完善的乡村文化服务供给体系，提供了图书、报刊、文艺、影视和农业技术等公共文化产品，多样化的产品从多方面满足了农民群众的文化服务要求。当前，我国乡村文化服务产品主要载体包括图书、报刊、广播电视、影视剧、网络和演出等，整体供给水平与过去相比有了显著的提升。不断增加的公共文化产品一方面能够满足农民群众的精神文化需求，另一方面能够使乡村的风气更加积极文明，使农村社会更加和谐稳定，使农村经济的发展更上一层楼。

（三）公共文化服务保障体系渐趋完善

服务体系是一个复杂的系统，由许许多多的服务行业和服务组织构成，其中保障体系是管理机制的一种，它的最终目的是提升服务的质量。公共文化服务体系是公共文化服务的综合表现形态，其保障机制是不可或缺的组成部分。该机制能够有效解决构建过程中遇到的问题，使服务体系更加持续稳定、积极健康。

总而言之，站在宏观的角度上看，随着我国新农村建设速度的加快，乡村文化也得到了长足的发展，乡村文化传播服务体系保障机制日趋完善，乡村文化呈现出一片欣欣向荣的景象。文化惠民工程有序开展，教育事业在政策与经济方面得到了双重保障，医疗卫生事业发展迅速，社会保障体系运行平稳，基础设施和环境建设都更上了一层楼，可以说，乡村文化传播服务体系的综合利用效能得到了显著的提高。

第二节 乡村文化传播服务体系的定位与内容

一、乡村文化传播服务体系的定位

（一）民生工程

乡村文化也是民生发展的重要组成部分，所以建设高质量的乡村文化服务体系，必然涉及乡村治理工作的方方面面。首先，乡村文化服务体系建设要将弘扬社会主义核心价值观、发展精神文明建设、推动文化认同、创新乡村文化作为工作主线；其次，要通过文化宣传、文化引导、文化惠民工程等途径，鼓励更多的人、集体、机构等开展文化创作、生产文化产品、提供文化服务，让文化民生发展成为导向性强、宣传性高、服务广泛的系统性民生工程，不仅让农民的基本文化权利得到保障，而且让更多的农民群体可以享受到文化发展带来的积极效益。

（二）基础工程

基础是一切事物发展的起点和根本点，只有基础建设得牢固，未来才能实现长久稳定发展，所以建设乡村文化服务体系时必须重视夯实文化基础，如果没有形成一定的文化氛围和文化基础，那么之后推行的各种文化活动和文化惠民工程也无法收到良好的效果。当前随着社会经济、文化、政治、科技等方面的飞速发展，人民的精神与文化生活也呈现出了多种需求层次，由于大部分的乡村文化基础都相对薄弱，城市与乡村之间的文化发展差距依然存在，这不仅侵害了农民的基本文化权利，而且不利于乡村多方面的发展。因此，在乡村发展文化基础工程是必要前提。

（三）育人工程

乡村文化服务还具备重要的教育功能。我国大约有5亿乡村常住人口，他们是中国实现现代化发展的中坚力量之一，同样具有发展和丰富精神文化生活的需求。发展乡村文化服务一方面有助于他们形成更高的道德素质和人文修养，另一方面，便利的公共文化服务体系步入正轨，对于缓解整个社会的生活压力、涵养民心都起到了重要的推动作用。对于农民来说，乡村文化工程虽然不能在完全意义上替代教育，但在形成良好村风、民风、家风等方面起到了不可或缺的积极作用，而且对整个社会文化、民族文化、传统文化的长远发展与传承也存在积极影响，如乡村文化传承、家庭教育、民族传统等内容也都是乡村文化工程的组成部分。

（四）民心工程

不断创新和发展乡村公共文化服务体系不仅是一项满足农民群众文化需求，提高精神文化生活水平的关键性工程，更是一项通过优化公共文化服务供给来保障农民群众的基本文化权益的民心工程，能够不断提升群众的生活幸福感。

从农民的劳动和生活特点出发，以农民的根本文化需求为指导建设公共文化服务工程，让丰富多元的文化形式、文化内容、文化活动逐步走入农民的日常生活，让公共文化服务惠及每一位农民。

二、乡村文化传播服务体系的内容

乡村公共文化传播服务体系的建设是一项复杂且宏大的系统性工程，涉及乡村文化服务的内容、方式、对象和支撑等多个方面的内容。这些内容并非相对独立，而是相互联系、相互影响和相互促进的，它们不仅在发展逻辑上具有严整性，而且具备较强的个性化发展特征。因此，建设乡村文化服务体系，不仅要进行宏观层面的整体性研究，也要对于内容细节进行个性化研究，从而真正理解和掌握公共乡村文化发展工程建设的科学内涵。

（一）服务内容

不断建设科学合理的乡村文化服务体系，是落实好、发展好、维护好农民群众基本文化权利的主要路径，是丰富社会主义新农村文化、让广泛农民群体共享文化改革发展的优秀成果、修正乡村发展“文化短板”的重要举措。对此，各级政府和相关社会团体不仅要加快建设和健全公共文化服务供给体系的步伐，而且要加大乡村文化建设的财政投入，为农民广泛地参与到公共文化活动中创造条件。当前，我国大部分农民的文化生活集中在读书看报、收听广播、观看电视节目等常见的文化活动，党和国家要在此基础之上显现出更为鲜明的文化导向性，逐步推动农民群体的精神文化生活朝着更高层次发展。

第一，宣传与鼓励。加大文化建设与公共文化服务内容在乡村中的宣传力度，吸引农民主动了解服务内容，鼓励农民通过享受公共文化权益提高文化生活质量。

第二，规范与标准。由于大部分的农民文化基础薄弱，因此更容易被不良思想所影响，所以要对在乡村中传播的文化内容严格把关，设置严密的传播规范与文化服务标准，让乡村文化环境和文化服务工作呈现出健康、有序的状态。

第三，传承与创新。一方面，要传承和传播优秀的乡村文化，帮助乡村形成独有的良好村风；另一方面要积极创新乡村文化，丰富农民的精神文化生活，拉近城市与乡村之间的文化差距，让公共文化服务惠及到更多的人。

（二）服务方式

乡村文化服务的方式直接决定了乡村文化工程的实施效果，既要着眼于农民群体的真实精神文化需求，又要起到正确的文化精神导向作用。

第一，向乡村输送优秀的文化内容与形式。通过送书下乡、文艺汇演、电影放映、举办文化节等方式，让先进的、优秀的文化内容走入到农民群体的日常生活，培养农民形成新的文化兴趣，使之逐渐理解、接受、传播新的文化内容与形式。

第二，建设配套的文化设施。通过建设文化活动中心、安装文体设置、增设投影等设备，为更多文化活动进行实践与传播提供必要的环境与设施支持。

第三，完善群众文化扶持机制，通过在文化互动过程中培育农民自主性与创造性，促使农民群体主动丰富和发展原有的乡村文化生活，激活乡村文化的主体功能。

（三）服务对象

由于我国地域辽阔，不同的村落也存在各种差异，所以农民之间在文化水平、知识储备、经济水平、身体素质等方面也存在着差异，因此农民的文化需求，以及享受的文化权利和服务形式也存在不同。对此，在向农村提供公共文化服务时，必须要关注农民个体文化需求的差异性，尽可能地为农民提供丰富、个性化、具有针对性的文化服务。

此外，公共的文化服务若想真正发挥出作用，那么就必须要让服务对象真正参与到文化服务的过程中来，积极地表达个人的文化诉求与期望，确保所提供的各项文化服务是农民群众喜爱的、用得上的。

（四）服务支撑

丰富的人力和物力是党和国家发展各项事业必不可少的有力支撑，对于公共乡村文化体系来说，充足的财政支撑是推动各项文化工作展开的重要前提，而专业的人才队伍则是让各项活动与政策发挥出治理效能的关键。

建成乡村文化服务体系的主要资金来源于政府财政支出，虽然党和国家在不断加大乡村文化建设方面的资金投入，但依然远远不够。对此，丰富资金融资的途径，让更多的社会力量和社会资本参与到乡村文化建设中来是十分必要的。

由于乡村文化服务的建设过程涉及多个复杂环节，实现有序稳健发展需要专业的人才队伍作为支撑，必须要吸纳来自各行各业的专业性人才，建成一支有目标、有组织、有责任感、有原则的建设队伍。

第三节　乡村文化传播服务体系的案例分析

中国作为一个农业大国，农村人口众多，发展乡村公共文化服务事业，建设乡村文化服务体系，为农民群众提供更多更好的公共文化产品与公共文化服务，是维护和保障农民的基本文化权利的体现，是完善政府公共服务职能，建设服务型政府的需要。下面我们把乡村文化服务建设的探究重点放在具体县市地区，结合本地实情，总结出完善农村文化服务体系的有益经验，助推地方加速实现文化事业的全面发展。

一、新郑市乡村文化服务体系建设

新郑市是河南省郑州市下辖的一个县级城市，其独特的历史底蕴远近驰名，素有“黄帝故里”之称。

（一）服务体系建设现状

在国家政策的大力支持下，乡村不断发展，新郑市也在此基础上强化发展当地的农村文化，在建设农村公共文化服务体系的进程中引进大量人才和投入大量资金，促进了当地农民精神面貌和社会环境的改变。近年来，政府大力建设基础设施，并在专业人员队伍建设和产品供应等方面效果显著。

1.财政资金投入逐年提高

近年来，新郑市政府投入大量资金建设和完善当地乡村的公共文化服务体系，使乡村公共文化服务体系与乡村的建设紧密相连。从2016年开始，新郑市就开始积极建设公共文化，并且，政府每年投入的支持资金逐年递增。随着财政资金的投入，乡村的各项文化建设都得以推进，除此之外，还促进了文化服务的有效供给，这在一定程度上丰富和完善了大众精神文化生活。

2.公共文化设施日渐丰富

近年来，从国家的角度来看，全国平均每一万人的群众文化设施建设面积在逐年递增，平均以1%的速度递增。从地方的角度来看，郑州市一直在加大力度建设和完善文化设施，在政府政策的依托下，郑州的基础文化设施逐渐完善，目前，以县、乡、村为基础的公共文化网络体系已经建成。新郑市在最近的发展中更加重视乡镇基础文化设施的建设和完善，这在一定程度上促进了乡村文化生活的建设和发展，并进一步完善了乡村的公共文化服务体系。

3.人才队伍建设逐渐加强

在建设和完善乡村公共文化体系的过程中，乡村依托国家政策建立和完善公共文化基础设施。但是，在建设和完善的过程中也存在人才缺乏的现象。所以，为了促进乡村的文化人才队伍建设和提升文化服务能力，新郑市实施专项培训，主要针对乡镇的工作人员、文化骨干以及志愿者等。专项培训不但可以提升他们的业务水平，还能提高他们组织和开展乡镇文化活动的各项能力。新郑市在送戏曲下乡方面设定了播放规定，即每个行政村一年安排两场戏，以此满足村民的基本文化需求。

除此之外，各个村的行政综合服务中心还配置了专职文化协管员，在专职文化协管员的引导和组织下，乡村的各项文化工作得以落实和推进，帮助丰富村民的精神文化生活。

（二）服务体系的建设思考

第一，以农民需求为服务体系的建设导向。当前，新郑市采用政府采买的方式建设农村的公共文化服务体系，同一时期，不同的供给主体会中标。在具体落实公共文化政策以及资源供给时，不同供给主体都必须紧密结合农民的真实需求。从宏观的角度来看，农村的公共服务主要面向农民的社会文化需求，但是，如果服务供给阶段出现问题，就会直接影响最初的目的和结果，最终导致农村公共文化服务资源难以有效、合理利用。因此，作为服务的供给主体，必须从农民的真实需求出发，根据实际情况提供有效的文化服务，进而推动农村公共文化服务的高效利用和发展。

第二，政府应该加大财政资金的投入力度。大力实施乡村振兴战略，如果只依靠政府的财政支持建设乡村的社会文化体系，很难有效推进乡村的文化建设。当前，农民的文化需求具有多样性，因此，建设地方文化需要投入大量资金。所以，除了政府的财政支持以外，还需要拓展多样化的社会资金来源，促进社会机构和组织的交流。当地的政府机构也应该有效发挥自我的职能作用，鼓励社会各方给予乡村文化建设资金和政策支持，让社会各界和市场环境提供更多的关注和支持，例如，在乡村兴办工厂、投资企业等，由此引入一定的资金到乡村公共文化服务建设中，促进社会各界和乡村各行各业的交流、合作，促进乡村公共文化服务的建设和发展。

从分析宏观现实环境的角度出发，应该充分了解乡村公共文化服务和建设的需求，加强各地级市和县、乡、镇文化部门的合作交流，不断建设和完善乡村的公共文化设施，不断加大建设乡村的资金，不断调整城乡之间的文化资源差异，加深广大群众对乡村建设公共文化服务的认识，鼓励农民积极建设乡村，提升服务水平和质量。

从目前的发展情况来看，想要发展和建设乡村的公共文化服务体系，新郑市政府必须高度重视县级、乡镇文化的建设，增加资金投入，让地方政府有效推进地区文化的建设和发展，有效实现平衡、稳定发展。

第三，加强政府和社会监督。为了深化农村公共文化服务，并加强同其他主体的交流，需要坚持包容的理念，确保多方力量的参与，进而有效地对接农民群体多样且复杂的文化需求，打造多元主体(企业、政府、非营利性力量)协同供给模式。文化企业往往拥有先进的技术和专业的人才团队，所以在组织公益性的活动过程当中，成了乡村文化供给不可或缺的参与主体。政府的文化供给能够借助合同和委托等形式向社会购买服务，营造政府和企业以及企业间的和谐竞争氛围，实现文化资源的合理分配，保障服务供给的效率和水平。

新郑市政府需要构建规范的多元主体监督形式，实现内外部监督的结合。应尽快出台相关的制度，厘清党委及政府的权责关系。外部形成包含农民、企业以及各类社会组织的监督主体，发挥他们的监督作用能够有效提高政府的文化供给水平，并且进一步提升政府公信力。

第四，提高公共服务设施利用率。进一步强化专职岗位人员的工作职责意识，营造良好的服务氛围，以便让公共文化服务设施惠及更多农民，从而提高公共文化服务设施的利用率，促进新郑市乡村文化事业的发展。

第五，扎根基层，充分挖掘基层文化艺人。作为当地政府，应该积极落实乡村振兴政策，深入挖掘乡村的文化资源，并将现代科学技术和当地的民俗文化紧密结合，进一步创新和丰富基层文化内涵，增强农民的主体意识。目前，各乡村都有很多文化艺术爱好者，因此，政府应该充分挖掘，鼓励他们积极建设社团，引导当地的居民一起建设乡村公共文化服务，并定期组织和开展有关活动。激发农民群众对文化活动的积极性和主动性，不断培训和发展乡村地区的文化艺术传承人，让他们积极参与各种文化艺术活动，并给他们提供一定的资金支持，最大限度地激发他们建设和发展乡村公共文化。政府部门应该加强价值引导，不断提高当地群众的文化自觉和文化自信，倡导他们不断创新文化生产活动，为乡村公共文化服务体系的建设贡献自己的一份力。另外，激发农民建设公共文化服务的积极性可以促进民间文化的发展，并不断丰富农民的精神文化生活。

二、雄安新区安新县乡村文化服务体系建设

安新县位于京津冀南部，与雄县、容城构成了雄安新区。2017年4月1日，河北雄安新区宣布成立，2018年，雄安新区总体规划公布，提出实施乡村振兴战略，建设美丽乡村，建立完备的公共文化服务体系。雄安新区乡村文化服务体系建设的主体是政府，文化企业作为独立的社会个体，服务对象是新区全体人民。

（一）服务体系的建设重点

安新县公共文化服务体系建设的重点有：基础设施建设、人才队伍建设、资金保障、产品供给等。

第一，基础设施建设。安新县文化馆、图书馆、青少年活动中心位于白洋淀文化广场北面，均建于2006年底。县文化馆通过线上“安新文化微馆”实现了数字化，文化信息资源共享工程进一步发展。安新县13个乡镇，每个乡镇均建有文化站，但乡镇文化站、村级文化室、农家书屋的利用率都不高。

第二，人才队伍建设。安新县加强乡村基础文化设施建设，努力充实文化人才队伍。乡镇文化中心一般由2到3人组成，县文化部门每年都会制订乡村文化人员专业培训，有专家讲课、乡村文化先进示范区实地考察等多种形式，坚持实践与理论相结合，以提升乡村文化管理人员的业务素质为目的。

第三，资金保障。雄安新区2018年至2020年，资金投入逐步加大，为农村公共文化服务提供了基础保障。公共文化服务资金用于全县乡镇文化站和文化室的器材、设备更新等。

第四，产品供给。近年来，县文化事业健康有序发展。安新县组建雄安新区规划建设宣传队，开展清明祭英烈、中华经典诵读、中秋文艺汇演、重阳敬老等主题活动；加强全县自媒体服务管理，发挥自媒体舆论引

导作用，打造“安新宣传”“掌上白洋淀”“安新阳光之窗”政务新媒体龙头；精心组织开展了志愿宣讲、文明交通劝导、环境保护志愿服务主题实践等多项志愿服务活动；改造提升雁翎队纪念馆，严肃整改低俗文化演出节目。安新县文化馆与安新县融媒体中心合作，通过“优秀文艺作品进网络”的文化惠民工程，使得老百姓居家也能看演出、听戏曲。

（二）服务体系的建设思路

第一，强化政府的主导地位。

充分发挥基层的组织作用。建设公共文化服务可以促进乡村的文明建设，可以促进邻里和谐以及乡村振兴，因此，基层党组织和村委会应该加强引导，大力宣传公共文化服务建设的重要性，并在生活中挖掘志愿者，加强合作，把繁荣和发展公共文化放在重要位置，积极落实相关措施。

不断强化思想认识。提高各方对乡村公共文化服务体系的思想认知，重视乡村振兴和公共文化服务建设，这对雄安新区的建设非常重要。相关单位应该高度重视公共文化建设，把建设公共文化服务体系和乡村居民的幸福感和满足感紧密联系起来。

加大宣传力度。在建设公共文化服务体系的过程中，一定要重视宣传工作，组织开展相关活动，增强乡村居民的凝聚力和向心力。另外，一定要做好活动之前的宣传工作，号召相关人员积极宣传公共文化服务建设活动。让更多的居民参与其中，让居民成为公共文化服务体系建设的主体，成为公共文化的缔造者和使用者。

第二，理清各部门管理职责。2019年以后，机构改革合并，安新县负责文化管理的部门有县文化和旅游局、宣传部、文广新局、民政局、乡镇政府等，从实际出发，精简各部门的职责职能，明确责任分工，将文化建设部门、管理部门、配合部门进行整合，明确职责。

第三，发扬保护本土文化。安新县是历史悠久的文化大县，有荷花派为首的文学流派，有源远流长的“雁翎精神”，这些都是安新县公共文化的瑰宝，要加大发扬力度，通过开展文化活动，激发乡村居民对于文化以及自己精神家园的归属感。要保护好非物质文化遗产，打造安新县的文化品牌，将“雁翎精神”为代表的革命精神融入公共文化服务体系建设中，潜移默化地去影响、培育、带动一批公共文化热爱者。

第四，尊重、保护民间手艺人。安新县有很多民间文化手艺人，如白洋淀及其周边地区的苇编、面塑、造船、捕鱼、高跷文化活动被认定为国家、省、市级非物质文化遗产，享誉国内外，已被注册为省级非物质文化遗产。尊重民间艺人有利于芦苇画等产业的发展，进一步带动乡村公共文化的繁荣。

第五，构建公共文化服务资源共享平台。未来，雄安新区将建设成为现代化数字科技之城，因此，建设乡村公共文化服务还应该与城市共建共享。当下，城市的数字化水平并不高，所以，政府应该不断创新资源共享方式和平台建设，进而满足群众的不同需求，丰富乡村居民的公共文化服务资源。

畅通需求表达渠道，一定要倾听老百姓的心声，真正走到群众中去，征求乡村居民关于公共文化服务的意见建议，总结汇总，并以此为目标，在实践中去反复验证，最终找到适合本土的公共文化需求、供给的表达渠道。要依照此种方式，不断地改进，最终创造一个符合实际的公共文化产品的供给需求渠道。

三、单县乡村文化服务体系建设

单县，古称单父，隶属于山东省菏泽市，位于山东省西南部。近年来，单县政府对文化工作高度重视，把更多的公共文化服务向基层延伸，完善了乡村文化服务体系。县政府积极推动主题公益戏曲走向乡村，给乡村居民送去公益文化，以及放映公益电影让乡村居民的精神生活更加富足，将更多的资源投向乡村地区，直接受益群众达百万余人。

（一）服务体系的建设成效

1.乡村文化基础设施逐渐完善

单县已建立了县、乡、村三级公共文化服务网络和城乡联动机制，建成以县政府作为核心，以乡镇文化站、文化广场作为配套的基层综合服务文化中心，开展全县范围内的流动化的服务和数字化的服务，县域内的公共文化服务水平和供给能力进一步提高。

单县扎实推进全县乡村公共文化服务阵地的改造提升，通过加强财政投入，每年为村级综合文化服务中心提供资金支持和设备支持，配送书橱书架、拉杆音响、办公桌、图书等办公设施设备，为文艺团体配备演出服装、乐器、音响等演出设备，全面提升了基层公共文化阵地服务效能。

2.乡村文化活动蓬勃开展

在建设乡村公共文化服务体系的进程中，山东单县政府以建设城乡公共文化设施和乡镇文化为中心，积极建设和完善地区配套设施，例如建设农家书屋和文体广场等，积极组织各种群众文化服务活动，引导乡村居民积极参与活动，并不断丰富居民功能文化服务资源。

（1）积极组织建设“村村一场戏”工程。单县不断深入挖掘当地的传统文化资源，积极组织实施“村村一场戏”的活动，让当地居民深入感受传统文化的独特魅力。

单县政府先后成立了北城票友剧院以及南城老年艺术团等庄户剧团，并积极开展巡演活动，丰富了乡村的公共文化服务活动，把山东的落子戏以及梆子戏等基层小戏送到乡村居民中。文艺活动的丰富开展陶冶了当地居民的艺术情操，丰富了当地居民的精神文化生活，提升了当地居民的道德情操。

（2）组织开展了乡村社区的歌舞等活动。山东单县举办了民间秧歌会演和首届“四德”广场舞大赛，并通过政府指导、扶持，在行政村普遍建立了乡村文化大舞台。一批文化特色鲜明的“书画村”“戏曲村”正在打造中。一系列接地气、有影响的文化惠民工程，受到群众的普遍欢迎。文化惠民工程掀起了城乡的文化活动热潮，文化交流日趋频繁，政府文化投入逐年加大，农民自发组织的文艺团体不断增多，优秀文化遗产得到传承，全县凝聚起向上向善向美的正能量。

（3）积极开展全民阅读以及知识讲座等文化活动。充分利用网络数字化的便捷性和广泛性，组织群众参加“世界读书日”“全民阅读”等网上文化活动，积极开展网络科技知识宣传活动、讲座以及播放各类相关影视作品等。除此之外，单县的图书馆还充分利用电子图书馆的功能，将传统阅读模式和当下阅读模式紧密连接，不断拓展公共文化服务的范围，不断加强以文育人的功能。通过丰富科技信息和拓展国学知识，推动儒学的发展，进而继承和发扬中华优秀传统文化。

（4）大力开展乡村文化培训。建立面向乡村居民的辅导体系，在辅导员的指导下，乡村的公共文化服务体系以及相关政策得以丰富和发展，进而强化居民建设乡村公共文化服务体系的意识。

3.历史文化遗产保护日臻完善

单县坚持保护和搜集非遗文化。单县文化局和旅游局搜集了大量当地的非物质文化遗产资料。单县还制定了相关的保护措施，加强相关部门之间的合作，落实每一项措施。与此同时，单县还对一部分年老失修的建筑进行维修和保护，例如单县的百寿坊等。

4.乡村文化服务资金投入持续增长

（1）单县政府积极开展公共文化专项债券资金引入工作。近些年，为了鼓励单县当地的公共服务设施建设，山东省政府发行了专项债券。单县当地相关部门则积极组织和落实公共文化服务项目，并积极申请相关债券，促进服务项目的实施。凭借上级的债券资金，单县实现了公共文化服务资金的有效增长，最终促进了当地经济的发展。

（2）单县积极有效推进公共文化服务项目建设的工作。单县相关单位有效推进项目的立项和申报工作，当项目通过立项申请之后，相关单位将获得上级部门的资金扶持，进而不断提高和完善当地的公共文化服务项目建设。在单县文化局和旅游局的积极运作下，单县申请了红色教育基地、智慧文旅综合服务平台、精品民宿打造以及红色旅游基地等文化项目，单县公共文化服务能力得到有效提高。

5. 乡村文化服务人才队伍初步形成规模

（1）大力培育当地庄户剧团。近年来，按照省委、省政府要求，单县积极借助开展“一村一场戏”工程，培育发展当地特色、具有一定规模的民间庄户剧团参与送戏下乡巡回演出。通过现场培训和在演出中锻炼，为单县公共文化服务人才队伍建设工作提供了良好的学习和演练平台，促使单县公共文化服务人才队伍初步形成规模。

（2）培养人才队伍逐步趋于专业化。近年来，单县为进一步提升公共文化服务人才队伍的综合素质，与北京荷风艺术基金会签订合作协议，采用“请进来、走出去”的方式，对单县公共文化服务人才队伍进行专业化培训。

（3）为农村文化站配设人员编制。在全县22个乡镇(街道)中，配备专职文化站站长，负责农村文化站的综合协调工作。同时，将全县文化站与两委会驻地进行结合，并明确村委会成员负责相关事务性工作，有效提高了农村文化站的使用效率和服务水平。

（二）服务体系的建设思索

首先，改良农村公共文化的相关服务设施。近几年来，单县政府机构创建了开山公园文化广场、“红色湖西”革命历史纪念馆，革新升级了浮龙湖文化路，同时，创建了少年宫、科技馆等具有地方文化特色的展馆；为农村提供了音响、健身器材 、相关的文化书籍等，明显提升了单县的公共文化服务水平和品质，人民群众对当地的文化服务的满意程度也得以提高。

其次，增强对文化遗产的保护以及利用率。单县历史悠久，具有丰富的文化资源以及自然资源，随着当地人们封存已久的传统记忆正在缓慢地苏醒，各种各样的手艺人不断出现。当地政府应快速推进单县非物质文化遗产排查登记工作，落实到每家每户，建立起非物质文化遗产的账册。应充分地发挥当地特色，提高旅游与当地文化的配合能力，给单县居民和来往的游客提供更优质的文化服务。

再次，改进与社会各个单位的配合模式。需要各种社会力量一起参与进来，比如，当地政府、社会组织、科研单位、志愿者，等等。当地政府在其中应扮演好领导人的角色，通过直接或间接的形式，建设多种不同的项目，让更多的组织和人员参与进来，使单县文化遗产保护以及利用工作得到较快的横向和纵向的延伸。

然后，加强建设公共文化服务人才队伍。不断充实和壮大文化人才队伍，并依据当地的文化事业需求扩大事业编制名额，招聘相关事业单位人才，为事业单位注入新鲜血液，加强新老人员之间的联系，加快新老人员的工作交替速度，弥补职位空缺，进而有效解决单县人手不够、队伍总量少的局面。

最后，不断优化和升级文化投入。政府应该增加基层文化体系建设的资金投入，有效改善单县财政和文化建设投入的结构，积极探索多元化投入体系和制度。

四、白云区公共数字文化服务系统建设

白云区隶属贵阳市①，“西部乡村文化服务资源汇聚与共享技术集成和示范”（2015年国家科技支撑计划项目）是在白云区落地的公共文化服务科技创新应用示范项目，该项目以资源建设、服务模式创新为重点，在“互联网+公共文化服务”领域开展积极探索，通过丰富服务资源，完善公共数字文化服务网络，畅通公共数字文化服务渠道，打造基于新媒体的服务新业态，建立起可持续发展的公共数字文化服务系统——白云文化云服务平台。

① 2013年11月贵阳市被确定为第二批国家公共文化服务体系示范区创建单位，2016年获评为国家公共文化服务体系示范区。

（一）服务系统的项目构成

我国高度重视文化科技创新工作，推进文化科技创新已成为深化文化体制改革、推动社会主义文化大发展大繁荣的重要任务之一，科技创新支撑文化发展提升到了国家战略的高度。近年来，中央针对国内外形势变化和人民群众不断增长的精神文化需求尤其是数字文化需求，将信息技术、数字技术、网络技术等现代科学技术和传播手段应用于公共文化服务体系，着力推进公共数字文化建设，谋划实施了全国文化信息资源共享工程、国家公共文化数字支撑平台建设、数字图书馆推广工程及服务平台建设、公共电子阅览室建设计划、中西部贫困地区数字文化设施提档升级等一系列重大公共数字文化建设项目，探索建立覆盖城乡的公共数字文化建设资源库群、工作框架和服务网络，人民群众基本文化权益保障水平明显提高。

围绕建设西部乡村高效的文化服务体系，针对西部地区文化建设的紧迫问题，以现代信息技术为支撑，集成应用工程技术和社会科学的理论、方法，以制度体系、网络体系、资源体系、管理体系和服务体系建设为着力点。以西部乡村适用硬件和软件研发与建设为突破口，探索建立公共文化物联网，构建现代文化传播体系，建立标准统一、互联互通的公共数字文化服务网络，力争建成内容丰富、技术先进、覆盖城乡、传播快捷的公共数字文化服务体系，形成主要面向西部乡村基层的文化服务高效供给机制。

建设“最初一公里”网络信息资源平台，建立“最后一公里”的服务模式，形成多种文化元素信息采集、加工存储、展示传播与服务的整体解决方案，创造新的文化服务模式。

1.资源体系建设

坚持需求导向、共建共享，打造特色基层公共数字文化资源库，加强资源保障。合理确定白云区数字资源建设重点和方向，统筹规划基层现有各类数字资源，包含基础设施、文化活动、政策保障、人员组织等四大数据指标，并分为区、乡、村三级分别呈现；有针对性地开展多渠道资源建设，加强数字资源的采集制作，深入挖掘地方特色文化资源。

加强体现民族文化、历史文化、地域文化等特色文化资源建设；以数字化、影像化等方式，深入挖掘地方特色文化，丰富民族特色资源内容。盘活资源存量，增加资源总量，优化资源结构，提升资源质量，丰富适用西部乡村的数字文化资源，加强公共数字文化资源保障。

2.网络体系建设

研发综合性的白云文化云服务平台，构建覆盖城乡、互联互通、便捷高效的地方公共数字文化服务网络，提供一站式、集成式、多媒体覆盖的公共数字文化服务，提升西部乡村公共文化服务的数字化、网络化、智能化水平。畅通公共数字文化服务传播渠道，创新公共文化服务物联网，加强各类公共数字文化服务设备的开发与应用，实现公共数字文化服务全媒体、多终端覆盖，提高公共文化数字资源的传播效率，方便基层群众通过各类终端方便快捷地获取数字文化服务。

3.管理体系建设

建立健全管理制度，实现精细化、规范化管理。对公共文化设施、资源、惠民项目进行综合智能管理，统筹整合各类公共数字文化资源，实现共建共享，加强公共数字文化资源面向基层公共文化机构的推送力度。完善公共数字文化建设标准规范。

建立和完善资源建设、系统开发、服务提供、数据开放等方面的公共数字文化标准规范体系，促进数据、资源和服务在互联网环境下的开放利用。完善资源内容、元数据、对象数据的加工规范和长期保存规范，保证各类公共数字文化资源建设的规范性。

依据“平台化”的原则制定开放接口规范、数据交换规范、新媒体服务类规范，确保异构系统间的数据交换、资源整合和服务调度。制定可兼容现有数据结构的、同时具备良好可扩展性的数据结构规范和符合开放数据标准的数据格式规范，提高公共数字文化资源的开放共享水平和服务效能。

4.服务体系建设

（1）创新公共数字文化服务方式。依托公共数字文化服务管理系统，探索建立公共文化物联网，形成与设施阵地服务、流动服务有机结合的公共数字文化服务体系。广泛采用“订单式”“菜单式”“预约式”服务模式，实现数字文化资源订单式配送、场地网上预订、活动网上预约、网上评价反馈等功能，形成线上线下有机结合的服务模式，增强基本公共文化服务供给精准度。通过网站、手机、手持阅读器、户外终端等多种模式向农村居民提供数字文化服务，通过微信、网站、户外显示屏、热线电话等渠道向贫困地区和特殊群体广泛推广数字文化资源。

（2）加强培训，建设人才队伍。以基层公共文化服务管理机构（县、乡、村三级）为支撑，依托高校、科研机构的技术力量加强公共数字文化管理培训，使专职队伍熟悉各项管理与技术服务业务，做好平台的日常管理维护、信息推送与资源定期更新等工作，促进地方公共文化数字支撑平台的健康稳定运转，释放文化传播服务平台效能。努力培育并壮大文化志愿者队伍，促进基本公共文化服务主体多元化，形成专兼结合的公共文化工作者队伍，以适应公共数字文化建设工作发展需要。

5.制度体系建设

探索公共文化数字设施的委托运营管理方式，探索各类社会文化机构、文化企业和个人等社会力量依托公共文化服务数字平台提供公共文化服务的长效机制，加强绩效评价，提高运营管理的规范化水平。以群众文化需求为导向，研究制订公共数字文化服务群众的满意度指标，建立和完善“第三方”评价机制，加强群众满意度测评方式的应用。建立基于大数据分析的群众文化需求反馈机制，加强需求信息的整理、归纳和分析，精准识别群众文化需求。

项目制订包容不同文化主体、不同形态文化资源的分类标准，采集文化资源信息，提取主要属性建设数据库；面向居民文化需求，建立具备政府采购和补助管理、信息分发和精准推送、服务预订和反馈机制的信息系统；利用大数据技术，提供决策参考，充分挖掘和利用特色文化资源，开展文化娱乐、体育健身、营养与保健、乡村文化传播与服务，实现公共文化产品结构和具体产品的优化。

（二）服务系统的技术创新点

第一，实现低成本乡村文化服务资源信息整合共享技术和模式创新。解决公共文化服务“平台上移”问题和“服务下延”问题，同时建立长效运行管理体制机制，实现西部地区公共文化资源共享的可持续发展。

第二，多种方式实现文化服务信息的传递和交互。利用互联网、电话和电视等信息传播手段，通过语音电话、手机短信和网站等多种方式实现公共文化信息的传递和交互。整合西部乡村文化服务资源，开展“多形式、多通道、低成本、全方位”文化服务新模式创新，探索研究欠发达地区公共文化传播与服务建设长效机制。

（三）服务系统的建设意义

1.构建新的文化服务与传播模式

在乡村，各种自发的传统乡村文化活动丰富多彩，这些为群众喜闻乐见的活动实际是宝贵的文化服务资源。对这些资源的共享，除了克服体制上的障碍外，还需要采用信息化手段。本项目围绕科技创新推动文化建设，应用现代信息技术手段，采集各种文化资源信息，通过信息的共享进而达到实物化服务的共享，对转变文化发展方式、构建新的文化服务和传播模式具有重要推动作用。

本项目的建设将搭建文化服务的“六大平台”：

（1）文化活动信息平台，就是在广泛开展各类文化活动的同时，及时公布各类文化信息，包括演出影视信息、图书情报信息、书画展览信息、社区活动信息、文化交流信息、教育培训信息等。

（2）文化设施共享平台，就是在不断完善各类设施建设的基础上，全面展示区域内所有公共文化设施的位置、规模、功能、服务和联系方式等。

（3）文化人员交流平台，就是在全面进行文化人才普查的基础上，将辖区内各类专业和业余文艺人员，各类文艺团队的名称、专业、业绩、联系方式以适当的方式公布，以方便开展各类活动。

（4）文化数字内容产品传送平台，就是与公共文化信息共享工程相结合，及时将各类数字化作品在网上发布，公众只要通过网络就可欣赏文字、图片、音频和视频，并可实现一定程度的交互。

（5）文化遗产保护平台，就是在对辖区内所有物质文化遗产进行保护、对非物质文化遗产进行发掘整理的基础上，及时在网上公布，让人民群众知道它、保护它、利用它。

（6）文化服务预订评估平台，就是在充分发挥各类文化资源作用的基础上，建成对各类资源的预订和使用效果评估体系。

项目在文化服务内容的组织、提供方面进行大胆探索，提供公共文化服务内容的新方法、新路径、新机制。项目重在挖掘存量资源潜力，通过在服务平台上的多途径互动反馈，保障有效需求、有效供给，避免上级政府单方面“配送”文化服务而实际上并不符合群众需求的情况，起到降低公共文化服务的成本、增强投入有效性的作用，提升公共文化服务总体水平和质量，为繁荣基层文化探索提供可操作、可借鉴的路径。

2.通过文化建设改善社会治理

项目整合各种文化资源，创新文化内容，将地方乡村文化和政府、社会提供的各种文化服务纳入统一的文化场域中，最终形成以广大人民群众精神文化需求为基础，以数字化技术为支撑，以网络等新传播方式为主导，以科技与文化的全面结合为特征，统摄生产、传播、流通、消费等全过程，统筹城乡文化需求和文化资源，跨行业、跨部门、跨领域重组或创建的新型文化服务体系。乡村基层群众享受到比较充分的文化服务，有助于形成健康的生活方式，提高生活品质；社区文化生活的丰富，有助于提升地方文化软实力，改善社会治理，实现社会重建和进一步建设和谐社会。

（四）服务系统的架构

系统基于大数据采集、大数据存储、云架构、云可视化与交互技术，建设文化服务基础平台，包括信息整合平台、资源整合平台、交流互动平台，用来支撑系统平台中的门户网站、应用系统、数据库等。

1. 技术路线

项目采取“建立文化服务资源分类体系—采集资源信息—管理资源信息—信息分发和推送—预订和反馈—文化资源利用—合理分配和动态调节—优化产品和服务”的技术路线。

2. 系统平台

该平台由网站、微信公众号、手机短信等交互式平台组成，并借助LED户外显示屏扩大信息传播范围，覆盖更多人群，实现线上与线下相互结合、远程与实体相互支撑。“白云文化云”服务平台网站作为平台核心部分，由文化动态榜、文化资源库、文化活动站、文化订制台、文化讨论区和文化电商馆六大栏目组成。

3. 管理权限

“白云文化云”服务平台①设三级管理权限：白云区文化馆为高级管理员，各乡镇文化站即中级管理员，各村（居）委会是初级管理员。每位管理员均有唯一账号登录平台，进行资源发布及显示屏管理。全区共装有86块户外显示屏，显示屏管理与平台管理权限设定相同，分为区、乡镇（社区）和村（居）委会三级管理。

4. 用户终端与权限

用户在电脑或手机端浏览器中输入网址，或手机扫描二维码即可进入

① “白云文化云”服务平台为用户和管理员提供统一的操作界面，采用与行政管理层级体系相对应的管理权限，分级授权、统一管理，设置区级文化服务中心、乡镇（社区）级节点和多个村级基层服务终端的三级网络服务体系，提供分层式角色权限。不同角色的管理员具有不同的权限，能操作的功能不同，每一个级别覆盖的内容从下往上，级别高的权限包含低级别的权限。

网站。网站首页底部有服务热线及短信服务号，供用户使用电话及短信与平台互动。平台用户分为普通用户及注册用户两类。

5.服务平台的功能

“白云文化云”文化传播服务平台，是运用互联网、大数据、云计算、物联网等技术，以乡村为重点服务对象，建立的区域公共数字文化服务网络和管理系统。该平台作为公共文化服务“大数据中心”及管理、指挥与运行中心，通过“信息栅格技术”建立三级服务文化共享的网络体系，实现区、乡镇（社区）和村（居）三级文化资源信息的汇聚共享、互联互通和业务协同功能。

该平台聚合区内外公共文化设施、产品和活动的线上线下服务资源信息，实现了人工智能前沿技术在文化资源分发领域的创新应用，采用“订单”“菜单”“预约”服务模式，实现数字文化资源订单式配送、场地网上预订、活动网上预约、网上评价反馈等功能，有效增强基本公共文化服务供给精准度，为拓展公共文化服务边界，加强文化展示与传播、文化资源保护与利用，重塑乡村文化生态打开新的局面。该平台基于开放架构，打造融合、开放、安全的云计算数据中心，通过网络资源、数据、信息的集成与应用，实现展示、管理、运营、服务和监控的功能。

该平台集成互联网、移动终端、LED屏、电话短信等多项现代信息传播手段，建立起适合西部乡村经济、社会发展阶段和文化需求的文化传播服务体系。村民及市民只要在电脑、手机以及其他移动终端登录浏览官方网站，便可随时随地掌握实时文化活动信息，享受文化服务，让公共文化服务随时随地触手可及。

总之，随着国家经济的快速发展，农村经济社会发展也取得了令人瞩目的成绩。如今，全社会迈入社会主义现代化强国的新时代，这就要求政府必须持续推动乡村文化传播服务体系建设，进一步消除不利于农村文化、经济发展的相关因素。

当下我国在建设乡村文化方面已初见成效，传统的决策方式所具有的局限性陆续消失，供给机构的单一化也正在逐步向多元化发展，资金筹措和管理制度也都在朝着更加完善和规范的方向大步向前。

第四节　乡村文化传播服务体系的优化策略

一、加强政府的把关作用

乡村文化要想得到很好的传播，政府必须要发挥主心骨作用。

首先，针对网络化环境给乡村带来的舆论风险，政府要成立专门的治理小组和咨询委员会，既要严厉监视打击散布谣言的行为，也要引导村民遇到不确定的信息时及时向专业人员咨询。

其次，政府在对乡村文化建设工作的各项落实中要具有前瞻性和预见性，要超越概念规划而形成具体的规划设计，在文化开发项目申报之初，对生态环境要有明确的指标。根据以往经验，凡是这种由政府牵头实施的大工程，如果一开始就没有明确工作过程中的各个要点，遗漏了相关的配套措施，即便花费了很多资源，也达不到预期的效果。很多地方在经济效益的驱动下，不管不顾地破坏乡村自然环境，建设商业领域，这不仅违背了乡村文化发展的良好初衷，还使乡村文化的根脉遭到毁灭性破坏。因此政府工作人员要摒弃畸形的政绩观，厘清文化建设和经济发展的长远关系，在文化建设中开发和保护并举，一旦发现异常情况，及时进行纠正，使文化建设沿着正确的方向稳步行进。

二、有效调动各类社会力量

在乡村文化的建设和传播中，除了积极争取国家、省市财政乡村文化资源保护专项经费，区、镇两级要将乡村文化保护作为公共文化服务体系建设的重要内容，所需经费列入财政预算，切实保障广大人民群众公平享有基本文化权益。同时，也要瞄准广阔的民间资本市场，鼓励社会有识之士参与传统历史文化村落的保护与开发，依靠专业化的运营管理团队，促成乡村文化合理有序地进入到市场经济当中，将乡村文化的公共服务价值转化为商品价值，使企业和乡村传承者都能取得相应的收益回报，为乡村文化事业的持续开展不断储备资金和人才。

除此之外，要集结社会宣传力量，借助他们对各类媒体的专业化操作，为乡村文化争取更多的传播阵地，引导企事业单位、社会组织、个人等各种社会力量共同参与到对乡村文化的保护中。

三、注重传播内容，培养乡村文化自信

（一）基于需求提高内容匹配度

为了满足农民各层次、各方面的文化需求，以精准的实地调查了解不同街镇对于乡村文化的不同需求，以高度适配的方式向不同年龄层次、受教育程度的受众群体提供相应需求的本地乡村文化产品和服务。要做到高度适配，需要不断优化乡村文化服务供给体系，积极构建供给乡村文化内容多样化框架，健全乡村文化内容服务项目提供管理体系。

推动乡村文化内容的多元性发展，同时也要提高乡村文化内容服务的多样化，不断促进乡村文化服务的均等化和一体化。通过激发各类传播主体活力，融合新媒体背景与各街镇乡村文化内容，促进乡村文化内容精准化、均等化、高效化发展，让乡村居民更有文化获得感，文化幸福感。

（二）构建优质文化创生环境

第一，建立农民文化需求反馈机制，由政府出面向社会购买乡村文化服务及内容，开展“点单式”服务。

第二，加强乡村文化服务品牌建设，推动特点明显、具有一定传播效力的乡村文化内容及服务项目。

第三，开展乡村文化对点帮扶行动。支持以“三农”为主题的文化内容创作及生产，同时鼓励乡村文化工作者引进反映农民生产生活实践，特别是乡村振兴的优秀文化作品。鼓励县、乡、村各层次文化组织深入乡村开展文化演出。

第四，完善群众文艺支持机制，鼓励乡村办好自己的特色乡村文化。

第五，培育和挖掘乡村文化乡村人才，支持乡村文化人才发展。

第六，加强基层文化队伍培训，培养一支懂乡村文化爱乡村文化的、专兼结合的乡村文化工作队伍。

第七，鼓励开展节日集体性乡村文化主题活动，激励乡村文化工作人员在乡村开展多种形式的乡村文化志愿者服务主题活动，积极繁荣乡村文化市场，为乡村营造良好的优质文化内容创生环境。

（三）构造乡村文化认同，提高文化认可度

乡村文化的快速发展离不开对农民积极性和创造性的调动，特别是要借助那些具备创新思维和文化意识的农民的力量。随着新媒体技术和智能手机的日益普及，乡村文化的传播效率越来越高、范围越来越广，以微信平台的应用为例，除了能够充分展示乡村文化的内涵与特点外，还可以促进本地乡村文化认同的构建、本地农民感知与认同乡村文化能力的强化，从而为创新性乡村文化的孕育提供重要保障。

本地乡村文化认同的构建，一方面要借助政府部门的力量，通过“乡村文化”主题微信公众号的建立，以及该平台多方位、感官化优势的发挥，来直接表达乡村风情，从而使乡村文化真正深入当地人群当中，加强与乡村的内在联系，实现文化认同感的显著增强。另一方面，在中国传统节日以及大规模人口流动（即由城市返回乡村)之时，各街镇、村组织可以搭建与各街镇、村庄用户之间的互动平台，将本街镇、村的相关政策和活动及时地公布在该平台上，以实现返乡农民工和乡村之间联系的进一步强化，使其即使离开家乡，也能通过手机和互联网互动平台在第一时间掌握家乡的发展近况，进一步强化新生代外出务工农民工对乡村文化的认同感

和归属感，真正发挥农民和关注“三农”的群体在乡村文化建设与传播中的重要作用，使乡村文化焕发新的生机与活力。

（四）融合特色传统文化内容，增强传播引力

现阶段，在不断创新的传播手段影响下，乡村文化若想实现高效、优质传播，必须从根本上改善以往墨守成规的传统传播观念。从传播特点和受众的角度来讲，社交平台和短视频网站等新媒体具有得天独厚的显著优势，这就意味着，将乡村文化与新媒体传播方式有机结合具有客观必然性。由于本地乡村文化自身特有的传承和发展特性，所以，将特色传统文化内容与本地乡村文化有机融合，除了可以改变乡村文化的传播形态，实现传播效能的进一步强化，还可以夯实乡村文化基础。整体上来讲，在传播乡村文化方面，欢迎度更高、更接地气的创新方式更有助于交流效率和质量的提高，同时还能实现原有文化内涵的扩展以及传播质量和交流效果的提高。

（五）培养本地农民乡村文化自信

持续的动态发展是创建当地农民乡村文化自信的重要特征，而农民的生活习惯和乡村发展对于当地农民乡村文化自信的创建同样发挥着重要作用。政策和管理制度是发展农民乡村文化主体意识的重要保障，需要政府机构从根本上改变以往单一部门引导的方式，调动各个组织、各个方面的协同作用。所以，从政府部门的角度来讲，就需要立足农民的兴趣点来组织多样化的乡村文化主题活动，同时以乡村现实状况为出发点来挖掘当地文化资源，提高当地农民产生参与活动的积极性，进一步凸显农民在建设乡村文化方面的主体地位。

从一个角度来讲，要使返乡农民，特别是返乡精英农民的正面效应得到充分发挥，使其能够为乡村文化基建项目提供专业技能、工作经验和专业能力等方面的支持，就需要确保精英农民的知名度效应得到充分利用，同时发挥社会文化对人民群众的引导作用，使人心得到凝聚、信心得到提

升、乡村文化得到重建、乡村文化的转型步伐得到加快。文化观念在农民文化自信心重建方面发挥着基础性作用，在文化建设中，乡村文化观念创建也是重要的组成部分。在觉醒的文化观念指引下，农民树立了超强的自信心和勇于突破自我的勇气，可以保持客观的心理状态、规范化的个人行为来投身乡村文化基本建设工作，并对乡村文化的发展趋势产生极大的促进作用，驱动着乡村文化向着更健康和良性的方向发展。

四、建立多方参与的监督评价体系

若想保障乡村文化传播的各个环节进展的有效性，就必须借助完备的监督和评价体系，倘若缺失这一关键环节，就会使城乡文化的传播面临极大的困难和阻碍，也就无法全面把握文化传播的方向。具体来讲，跨文化传播监督评价体系主要由监督城乡文化传播过程和评价传播效果两部分组成。

城乡文化的传播是一个国家内部层面的跨文化传播现象，在区域位置、经济条件、文化风俗以及人员素质等因素的影响下，城市和乡村之间文化的传播除了要把握二者在同一领域的不同特点之外，还需要综合看待二者的内在关联，并以此为前提来分析这些现象背后蕴含的深层原因。由此发展下去，不难发现，综合考察城乡跨文化传播效果具有较强的复杂性和动态发展性，除了要提前商定科学有效的评价标准外，还需要考虑各个标准的适应传播阶段和范围，同时，还需要将以上要素作为建构整个评价体系的重要依据，从而实现科学性、完整性评价工作的有效进展。

（一）监督主体要多元化

中央政府和地区政府是系统评价乡村文化传播情况的主体，因为中央政府只有全面、系统地了解和掌握全国乡村地区的文化概况，才能向各级政府传达文化发展的主要方向。而地区政府也只有经过从横向和纵向层面对辖区内各个乡镇的文化发展情况进行对比和评优，才能将准确实时的数据汇报给中央，才能有专业的中央工作人员到区域考察，才能实现宏观层面中央和地方相结合的监督体系的建立。

作为本地文化传播事业的主要负责人，县乡镇领导与各个文化单位之间保持着密切联系，而之所以特别强调县乡镇领导对为人民服务宗旨的贯彻落实，是因为只有这样，他们才能以客观公正的视角和态度来有效监督本地区的文化建设事业和工作的各个环节。

广大群众根植于乡村土壤而生存和生活，他们的成长环境直接决定了他们对某种文化或喜爱、或厌恶的态度，因此，单纯地以高雅或低俗来定性其对文化的喜恶程度存在片面性，应当大力弘扬的是那些具有较高乡村群众喜爱度的文化形式，只有这样，才能使国家的文化关怀给农民留下深刻印象，才能使农民的文化传播事业监督权得到充分尊重。

政府部门具备庞大的运作机构，若想将监督范围拓宽到文化传播体系的各个环节显然存在较大的难度，而群众往往可以迸发出巨大的能量，其广泛性和灵活性的特征将使其跨文化传播的实际受益权得到充分保障，而监督文化传播的过程也是其责任和义务的体现。

（二）评价标准要多元化

城乡跨文化的传播，需要以现实情况为出发点，并兼顾其他要素，比如来自各行各业的评价主体，以及从定量和定性两个维度予以完善的评价指标体系。既然政府对提高传播效果评价的客观性、多元性、合理性和公正性充满信心，那么就必须不断地完善、优化和改进城乡跨文化传播评价指标体系，同时有效监控该体系的实施过程，此外，还要保持谦虚好学的心态，吸取和借鉴文化传播特色突出、效果明显的地区的成功经验。

（三）评价过程要动态化

时间节点不同，城市和乡村的发展特征就会有所区别，而城乡不同文化要素之间相互交叉的动态发展过程便是城乡跨文化传播的主要内容。以往，为了直观地了解传播效果，各个地区往往会参照一个预设的量化评价指标体系，在此基础之上，会向着各项指标要求不断趋近，甚至是超越，直到与最后的验收标准相吻合，才能宣告评价工作的完成。尽管这种方式有一定的激励作用，但却对考察城乡经济和社会发展等内容所受到的文化传播的影响有所忽视。因此，在考察乡村文化传播的进程时，要树立动态和发展的眼光，并及时调整原有的指标以适应于城乡不断变化的现实情况。

第五章　当代中国乡村文化传播的创新发展

第一节　基于新媒介的乡村文化传播新形态

新媒介是一个相对的概念，是报刊、广播、电视等传统媒体以后发展起来的新的媒体形态，即在新的技术支撑体系下出现的媒体形态，如数字杂志、数字报纸、数字广播、手机短信、移动电视、网络、数字电视、数字电影、触摸媒体等。在新媒介技术的发展下，大众依托社会化媒体从分散又走向聚合。近年来，乡村文化在社区型媒体平台上，得到了越来越多的关注。基于新媒介的乡村文化传播新形态，如图5-1所示。

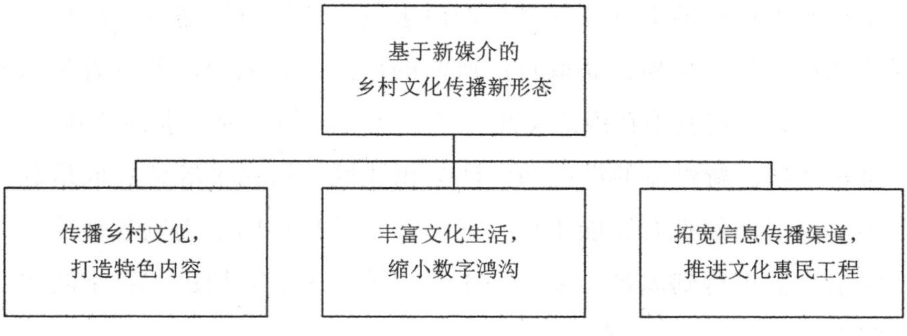

图5-1　基于新媒介的乡村文化传播新形态

一、传播乡村文化，打造特色内容

在社会的发展过程中，乡村的风情、传统技艺、古建遗存等传承发展下来，随着时间的沉淀，逐渐形成了具有地域特色的文化。在新媒体环境下，愈来愈多的乡村特色文化借助于新媒体平台进行传播，并在此过程中，成功打造出特色乡村文化内容。

以旅游为例，特色内容开发的本质是文化资源的升值转化。乡村地区旅游开发与乡村文化振兴在文化价值认同和文化内涵的需求上具有一致性。特色内容的打造有利于乡村地区文化资源的挖掘和保护开发，强调了乡村文化内容的独特性和差异性。互联网时代，重视特色内容打造还可以塑造高辨识度的地方文化，重塑文化新生命。

二、丰富文化生活，缩小数字鸿沟

在现今的“互联网”时代背景下，新媒介得到了突飞猛进的发展，对人们的生活、工作产生了很大的影响。人们可以在新媒介平台进行网上购物、与家人朋友即时通信、阅读浏览各种信息，可以说，新媒体是人们生活和工作必不可少的部分。就乡村网民来说，他们可以通过以手机为主的新媒体认识、感知世界，获取自己所需的信息，还能阅读和观看包括电子书、短视频和影视剧等在内的文化产品，让自己的精神需求得到满足。

除此之外，新媒体的产生和广泛运用让城乡居民平等地获取信息。当前很多乡村居民都拥有智能手机，他们利用手机在网上浏览各种信息，让自己的信息需求得到满足。如此一来，也推动了城乡居民“数字鸿沟”的不断缩小。

三、拓宽信息传播渠道，推进文化惠民工程

在新媒体时代，媒介技术逐渐与其他信息化技术、互联网技术相融合，特别是人工智能技术、AR技术、大数据技术和VR技术等，传播信息的渠道、方式和信息的表现形式更加多样化。就村民来说，他们通过智能手机不出门便能知晓天下事，有更多的机会了解文化信息。比如，村民可以利用视频客户端观看各个地方的节庆表演视频和春节联欢晚会，其中爱奇艺、腾讯和优酷是最常使用的视频客户端；也可以通过新闻客户端对文艺表演的直播进行观看，如人民日报和今日头条；也可以充分发挥微信和微博等媒介平台的作用和功能，对海量的文化信息进行阅读、浏览。

以“文化+”的发展理念，通过传承乡村深远厚重的历史底蕴，打造乡村山清水秀的宜居环境，聚焦乡村暖人心脾的文化惠民，弘扬厚德载物的人文价值等路径，切实增强乡村文化自信，提升乡村文化软实力，促进乡村振兴。

第二节　基于短视频的乡村文化传播

在碎片化的数字媒体时代中，短视频[①]作为新时期满足了人类传递消息、表达情感的技术手段，整合了文字、语音、视频三种通信功能，将三者更立体、直观地表达了出来，适应了现代快节奏的生活方式，并满足了用户的表达与互动需求。短视频具有时长短、制作简单、社交属性、主旨明确、快餐传播、营销效应强等特点。

① 短视频是指视频长度以秒计数，主要依托于移动智能终端实时分享与传播、制作门槛较低、内容碎片化、社交性突出的一种新型视频形态。

一、短视频的价值

短视频作为集多种信息传播方式于一身的信息载体，已经成为营销制胜的关键，在数字媒体时代的激烈竞争中胜出，表现出很高的使用价值和传播价值。

（一）短视频的使用价值

1. 使用价值主体——双重身份的用户

互联网技术让分享、传播信息变得无比便捷，模糊传受的边界，短视频使用价值的主体是有着双重身份的网民，他们既可以制作视频，又可以是视频的浏览者。

互联网短视频的用户涵盖范围很大，跨越了多个层次、背景的用户，产生了多种多样的网络短视频内容。短视频制作者可以借助短视频更直观立体地表达思想观念，并用一定的画面形式使其具象化。

2. 使用价值客体——网络短视频

网络短视频的使用价值的客体特性要从它对使用主体的影响中表现出来。用户对网络短视频的使用，是短视频发挥自身优势、展现其社会价值的必要条件。

（二）短视频的传播价值

1. 实现了传播主体的去专业化

网络短视频的出现打破了这种局面，其简单的入门门槛、低廉的制作成本、方便快捷的传播形式让几乎所有人都能参与到信息的传播中去。也就是说，即使是某一领域的普通人，也能发表并传播自己感兴趣的话题的信息。从传播学角度讲，网络短视频的出现具有“破局”意义，因为它冲击了传统权威媒体构建的信息传播系统，构建了更加自由、内容更丰富的多主体交互传播结构。

2.拓展传播渠道的广度和深度

短视频平台不仅让爆款短视频在网络上广泛流传，还经常举办不定期的各类宣发活动，聚集潜在用户。

网络短视频平台还会有选择性地让各领域的专家和明星参与短视频的制作或传播，以扩大信息的传播渠道。

3.感性主动的反馈提升传播价值

随着互联网时代的到来，传统的单向的信息传递形式被改变，信息的流动变得更加活跃，由理性、被动转化为感性、主动。

（1）信息传播媒体由原本平面的图文变为生动立体的视频，增强了用户的主动性。与书面化的文字信息相比，网络短视频能在最短的时间内展现主题思想，减弱受众的疏离感，加强受众参与互动、反馈的积极性，传播效果明显提高。

（2）在这个信息量“爆炸”的时代，互联网上每天充斥着大量矛盾的观点和信息，在这种对立下，对一件热点事件，互联网用户面临两种甚至更多种观点的短视频，因此用户们会在观点的裹挟下进行思考并相互辩论。实践证明，短视频时代的人们会更加积极地参与到视频相关的讨论，在弹幕、评论区、论坛里融入对各类信息的讨论，提出自己的见解。

二、乡村文化短视频传播的内容分类

（一）乡村景观

媒介的发展打破现实空间的局限，短视频凭借移动场景化的特点，能够给受众带来沉浸式观看体验，乡村文化类短视频主要内容是展示乡村自然景观与人文生活，将真实的乡村面貌展现在受众眼前，一方面是向受众展示原始状态下的乡村面貌，大自然的鬼斧神工，还原真实的乡村景色；另一方面是展示新时代乡村建设的面貌，相关基础设施的完善，让受众感受到乡村现代化的进程。

乡村景观因地区不同也存在着较大差异，而这些也使得乡村景观各有特色。沿海地区的赶海生活、内蒙古地区的草原风景、青藏地区的游牧生活，风景迥异的各类乡村视频为受众带来风景盛宴，吸引着大批的游客前往观光。不仅仅是自然风景，人文景色也包含着悠久的历史底蕴，福建土楼、傣家竹楼等建筑同样具有神秘的魅力。

（二）生活日常

短视频的出现是为受众提供记录生活的渠道。平台的低门槛使得广大用户可以借助短视频社交软件来记录日常生活，展现乡村生态，是乡村文化类短视频中占比最大的一部分。

（三）文化习俗

文化习俗是乡村文化短视频传递的精神内涵，文化习俗的继承主要通过相应的活动与仪式进行传递，通过这些能够潜移默化影响人的价值观念，唤起受众对乡村的向往怀念，这也是乡村文化能够继承与发展的关键。乡村文化类短视频展现着全国各地不同的风土人情，传递着不同的价值观念，主要体现在重大节日、祭祀活动、传统技艺等方面，大部分宣传的是中华优秀传统文化。

三、乡村文化短视频传播的文本书写价值

任何一个被赋予了完整意义的客体都是文本，绘画作品、一个仪式、一个手势乃至无法留存的口头传达都可以是文本。因此，农民通过短视频创作的乡村文化特色视频也可以被看作文本，其短视频中乡村文本的特征如下。

（一）融入特色，深耕内容生产

不同的自然条件和历史文化积累使得不同区域的乡村展现着不同的乡

村自然、人文风貌，形成了不同的相互独特的文化资源，即乡村区域特色文化资源。因此，呈现具有乡村地域特征的乡村自然与人文风貌，是乡村文化内容生产的一大特征。

1.运用技术勾勒，呈现乡村图景

（1）长短镜头交错运用。乡村图景的建构与拍摄的镜头存在着密切的联系，不同的镜头语言传递给观众的信息不同。

长镜头是长时间用同一种叙事方法和重复的镜头造型，连续不断地对拍摄对象进行记录的一种拍摄手法。长镜头的使用可以保证镜头呈现了6秒以上的拍摄内容，保持了客观、真实性。

短镜头是指持续时间在6秒以内的镜头，短镜头一般和其他的镜头组合使用，通过切换或组合的方式把多个短镜头组接在一起才能呈现画面的完整性。短镜头凭借其切换节奏快、组合方式多的特点，有其独特的传播优势：便于引起观众的注意，画面快节奏的切换充满了力量。村民在进行视频拍摄时，不会单纯使用某一类镜头，往往交错组合运用长短镜头。在交代环境时，通常使用长镜头；在展示具体生活细节时，多采用短镜头使其生动形象。

（2）蒙太奇整合叙事逻辑。当视频创作者用不同的镜头和景别拍摄完以后，需要把零碎的事情串联在一起，形成完整的叙事结构，这就需要视频创作者把众多的零碎小视频通过蒙太奇手法剪辑完以后重新组合在一起。即使所有的素材相同，不同的镜头组接方式给观众的视觉效果也不同，直接影响着故事的叙述与情感表达。

由于短视频作品的发布受制于时长，创作者往往要在几分钟乃至几秒钟内完成叙事，在剪辑手法上，他们多数都采用了蒙太奇的方式。

2.聚合乡村意象，再现生活场景

在短视频中乡村意象具体体现在农业生产要素、人居环境要素、自然环境要素等。农业生产要素如农田、农作物、果园蔬圃、畜牧场、鱼塘；人居环境要素如乡村聚落格局、乡村建筑、乡村道路、乡风等；自然环境要素如山、水、地形地貌、气候、动植物等。

（1）乡村自然景观要素的聚合。短视频中最易被感知的景观要素可分为天气、山、水、建筑、植物等。乡村景观较多地被书写者记录着，书写者们通常不会单独在某个作品中呈现乡村景观，而是在人物活动实践的过程中，以记录他们所处的环境而呈现乡村独有的景观画面。优美的景观画面有时候不仅仅起着烘托背景的作用，而是本身作为地域文化彰显着它独特的魅力。

（2）乡村人文景观要素的聚合。除自然景观外，村落建筑、农田农具这类人文景观在短视频软件中也经常被记录了下来，与自然景观要素共同完成了乡村场景的搭建。

纵观乡村类话题短视频，村民们的生产生活实践总是离不开自家的院落、农耕农具，这两种元素的呈现表面上看交代了村民的活动地点与内容，实质上还被赋予了更深层次的文化意义。如人们看到厨房、场坝院落、生产农具、生活器物等人文景观元素，自然而然会联想起真实的乡村生活。这类人文景观被聚合在一起后，为观众构筑了一个朴素的真实的乡村生活空间。

乡村类短视频通过聚合丰富的乡村意象，重现了乡村生活场景，真实的乡村场景能瞬间将观众带入到乡村空间中，使观众沉浸在乡村生活意境之中。乡村生活场景的重现已经超越了单纯意义上的物质空间范畴，更多的是在阐述地域文化故事。村民们在记录乡村美景与情感时，将乡村文化中的天人合一、崇尚自然、质朴民风加以书写和展示，这是一个乡村文化空间再生产的过程。

（二）运用微观叙事，强化乡愁记忆

乡愁文化不再是传统意义上的个体思念故土的行为或某种精神诉求的“乡愁”，而是生活在一起的社会群体在城镇化进程中传统村落文化衰落、民族文化危机意识的反思中构建的“乡愁”。

1.以日常生活为主题，凸显人文情怀

人文情怀是指关注村民的社会文化活动，体现村民的伦理道德与情感。

基于日常生活的文化意义，村民习惯记录与分享自身的乡村日常，把日常生活中微不足道的小事作为内容生产存留在网络空间，有着视频纪实和纪事的功能。村民习惯从个人生活寻找短视频拍摄素材，分享个人的日常生活，完成文化的视频文本书写。正因村民的视频大多数取材于他们的日常生活，因此这类充满生活气息的作品，深受观众喜欢。

以乡村日常生活为主题的视频不仅具有记录生活的功能，还能通过微观叙事视角捕捉乡村村民淳朴的情感，凸显人文情怀。在细水长流的漫长岁月里，村民们的亲情、爱情、友情在生活片段中无一不被记录和呈现着，这些关于人类最普世的情感往往也最能抚慰人心。

2. 以纪实风格为手段，唤起乡愁记忆

纪实风格的作品，讲究最真实、最贴切的生活逻辑。短视频的乡村类作品在叙事方式上，出镜者多采用第一人称将观众代入叙事情景中，使观众获得真实、自然、原始的感官体验，沉浸在作品的故事讲述中。如今，乡愁既是个人行为，也是社会集体行为，乡愁的具体体现为思念故乡、憧憬理想生活以及寻找文化身份。众多的乡村话题短视频，以纪实创作手法，把各类乡村文化符号得以呈现，以达到凭借乡愁记忆而凝聚粉丝的效果。

（1）以生活化的拍摄场景展现真实生活状态。在短视频作品中，大多数乡村题材作品的拍摄场景都与村民日常生活的场景有关，例如厨房、小院、农田、村口、饭桌、村道等，这些与村民活动轨迹密切相关的生活场景建构了乡村文化的表现空间。拍摄者选择生活化的、观众们熟悉的生活场景更容易让观众产生亲近感，具有较强的代入感。拍摄者在拍摄作品时，不会像影视剧一样搭建专门的场景，而是选择真实的生活环境，让其保持自然的、原始的、真实的状态。即使再简陋的居住条件，只要它能顺应村民们的生活作息，便是被观众接受和喜爱的。

（2）以碎片化的叙事结构淡化故事情节。短视频的作品发布有着严格的时长控制，因此村民在作品的叙事结构上也呈现出碎片化的特征。村民在创作视频时都是非线性创作，他们的作品通常比较零碎与独立，视频与视频之间故事情节关联性不强，迎合了观众碎片化阅读的习惯。

零碎的叙事结构，弱关联性的叙事情节其实更符合日常生活的逻辑，村民通过生活中微小的事情勾画人物关系，记录生活真实的模样，刻画村民真实的生活状态。

（3）以听觉纪实增强空间真实性。在短视频视听符号系统中，书写者不仅需要通过画面来传达信息，真实的同期声也尤为重要。创作者们在强调将画面真实地呈现给观众的同时，对声音的要求也同等严格。在乡村作品中，各个地方的方言、同期声、环境音响为乡村文化增添了不少色彩。

不同地域的语音语调都存在差异，所以短视频中大量的方言纪实作品展现了乡村的地域特色，在作品中使用方言或民族语言，大大增强了乡村空间的艺术性与真实感，同时也增强了作品的纪实效果与可信度。

四、乡村文化短视频传播的优化对策

（一）优化短视频的内容质量

1. 严格监督质量，创造良好的发展环境

目前移动终端技术发展迅速，抖音、快手等短视频平台快速崛起，城市化的发展使农村基础设施建设越来越完善，使用网络的农民不断增加，农民和乡村越来越多地出现在短视频平台上。现在短视频在乡村的发展处于关键阶段，所以一定要严格监督质量，传播正能量的乡村文化。

为了向用户提供内容更加优质的乡村文化短视频，短视频平台需要改变质量监督方式，运用人工智能审核和筛选视频，并与人工审核相互配合，二者优势互补，形成完善的审核机制。在短视频平台中，乡村文化极易受到商业活动的影响，所以短视频平台要完善算法机制，采用先进的科技做好视频筛选和质量把关工作。

2. 短视频平台要具有责任意识，避免商业化对乡村文化的干扰

经济和科技的不断发展催生了各类短视频平台，如抖音、快手等。目

前我国正在实施乡村振兴战略，短视频平台不应该一味追求利益，更应该主动承担起社会责任，为优秀传统文化的传承和发扬贡献力量。

（1）短视频平台可以与政府携手合作，以振兴乡村为主题，通过直播销售农产品，帮助贫困地区发展经济，这也是农业农村发展的新路径。短视频平台用户数据非常多，可以根据用户特点提供产品，提高针对性。

（2）短视频平台要对视频进行审核，做好质量把关，支持与乡村文化有关的短视频的传播，加大投资，使其获得更多的流量和关注。短视频平台还可以发起乡村文化系列活动，引导人们参与乡村文化短视频创作，从而扩大乡村文化传播范围。

（3）乡村文化短视频主要由居住在乡村的人创作，但因为自身能力的限制，他们拍出来的视频可能不够专业，质量不高，无法更好地展现乡村面貌，这会给人们留下不好的印象。所以短视频平台要对其进行指导，可以在官方账号上发布视频拍摄知识和技巧，以供乡村居民学习，从而提高乡村短视频的质量。

（二）提高短视频创作者的媒介素养

1. 抵制低俗内容

在某种程度上，短视频的创作内容和方向会受到受众喜好的影响，而大众又普遍具有猎奇心理。所以，短视频创作人员要提高自身素养，不要传播低俗内容，要为受众提供高质量的视频。

（1）短视频创作人员要明确自身定位，传播的短视频要能体现乡村特色，展现乡村文化，不要传播低俗的内容，而是要展现乡村社会积极美好的一面，为乡村文化的传播贡献自己的力量。视频创作者们还可以携手合作，共同抵制不良内容，借助媒体平台，赢得话语权，净化乡村文化传播环境。

（2）短视频创作人员要明确自身的责任，短视频只有吸引更多的流量，才能有更多的收益。

（3）视频创作人员要有正确的价值观，轻松幽默的视频可以吸引更多受众，但不能为了搞笑而过度消费乡村文化，创作者要承担起传播乡村文化的责任，加强与受众之间的交流，引导受众学会辨别各种信息，树立正确的价值观。

2.充分挖掘乡村符号

短视频的内容非常重要，所以创作者要追求视频内容的高质量，将乡村符号融入短视频中，弘扬社会正能量。乡村符号是乡村文化的代表和核心内容，具有深厚的文化底蕴。

（1）短视频创作人员要善于发现乡村符号，加以充分利用，在视频中展现乡村文化的魅力和价值，而不应该只是展示乡村美景。乡村符号背后蕴含的深厚历史文化底蕴更为重要，可以采用叙事的方式传播乡村文化，带给人们独特的情感体验，使越来越多的人认同乡村文化。

（2）乡村文化短视频的创作者要能敏锐地捕捉到时代的特色，对乡村文化有新的解读，使乡村文化在新时代散发新的光芒，与此同时，乡村文化中的勤劳、节俭、谦虚等美好品质也要发扬，让传统精神在新时代能够继续传播。

（3）在应用乡村文化符号的过程中要实事求是，不同地区有不同特色的乡村文化，视频创作者要充分展现地方特色。充分了解地区实际情况，将地区特色作为一张名片，形成具有地方特色的文化形象。

（三）强化短视频的顶层设计

1.短视频平台需要接受相关部门的监管

在互联网发展的大环境下，受众获取信息的方式更加多样，短视频的特点和传播方式都需要满足受众的需求，媒介的发展降低了使用短视频的条件，普通大众也可以参与，因此短视频平台用户数量越来越多，各种信息层出不穷，各类视频也是五花八门。这就导致乡村文化短视频质量不一，针对这一问题，政府要主动承担起监管短视频平台的责任。

（1）政府部门要制订针对短视频平台的管理方案，在内容审核方面要有严格的标准，视频既要经过人工智能审核，又要经过人工审核，相关合作企业要具备一定的资质，视频博主个人信用要可靠，同时做好信息登记工作，维护用户和博主的正当权益。

（2）从法律层面上对短视频平台进行监管，完善相关法律法规，维护用户权益，避免有人钻法律漏洞。

（3）政府要组织成立专业的机构，由社会各界专家对短视频平台的运营进行监督，同时发挥群众的监督作用，鼓励群众发现并上报问题，还要定期对短视频平台的质量进行考核评估，敦促短视频平台改进。

2. 为乡村文化传播培养优秀的人才和领军人物

随着新媒体的不断发展，越来越多的人主动投身乡村文化作品的创作中，要促进乡村文化的传播，培养领军人物非常重要，所以政府相关部门要加快培养此类人才，使乡村视频的创作者既对乡村文化历史有深刻的认识和了解，又能够紧跟时代发展步伐。

（1）政府要出台相关政策，鼓励乡村文化发展，为乡村文化发展创造有利的环境。乡村文化中的一些传统技艺面临失传的危险，政府要予以重点保护和宣传，政府可以在官方网站或公众号上宣传，充分利用自身的优势和资源，增加乡村文化曝光率，表扬乡村文化的优秀传播者。

（2）政府要加快人才培养，为乡村文化传播储备更多人才。短视频平台拥有海量的信息，乡村文化传播要积极主动，才能占据先机，确保乡村文化的纯洁性。政府部门可以举办乡村文化系列活动，扩大乡村文化传播范围，吸引更多人的关注，选出优秀的短视频创作者。此外，政府还应该做好基层群众的素质教育工作，如普及新媒体使用技能、教授专业拍摄技巧等，使乡村居民能够拍出更优质的内容。

3. 整合乡村文化资源

乡村文化是不同地区价值观念的整体反映，符合乡村社会的结构特点和全体居民的共同利益，而商业的发展对这种价值结构造成了一定的冲击，乡村文化和短视频的结合能够带来巨大的利益，所以政府相关部门要处理好二者之间的关系，借助短视频平台助力乡村发展，同时保护乡村文化，减少商业活动带来的影响。

（1）发展乡村文化旅游，在短视频平台上发布乡村美景、美食等视频，举办具有地方特色的民俗活动或通过节日展现乡村文化符号，如举办丰收节，开展不同主题的文化旅游节，上传相关视频，吸引更多受众的关注，这既有利于传承传统习俗，也可以为当地带来收入。

（2）乡村有许多特色农产品和工艺品，政府可以出台相关政策，鼓励村民利用短视频直播带货，扩大产品市场，同时也能传承非物质文化遗产，为农村经济发展开辟新道路。

第三节　基于“新农人”的乡村文化传播

一、“新农人”的形成动因

“新农人”这种新型群体的出现与社会各种因素有关。在我国的传统文化中，农人是指从事农业生产活动的相关人员。“新农人”群体是指在社会中拥有较高生活水平的人放弃自己优渥的生活，重新返回乡村，做回农民。“新农人”的形成动因主要有以下几方面。

（一）城市的推力

“逆城市化”现象出现的主要原因在于随着城市经济的发展，人们为了追求更舒适的、更健康的生活环境或生活方式而逐渐向郊区和乡村转移。我国城市化问题也较严重，比如城市人口暴增、环境污染严重、交通拥堵等。“新农人”无疑也是该潮流的一部分，他们基本上都经历了从向往城市生活，到希望重新选择自己的生活环境和生活方式。

社会的发展和进步推动了经济水平的日益提升，但是人们的生活质量和生活水平并不能与之一同提升，于是人们开始反省自己的生活。其中有一部分人开始对乡村健康的生活方式和美好的环境、清新的空气无比想念，返乡的意识不断增强。

（二）乡村的拉力

近些年来，国家制定和实施了许多支农惠农政策，加快了乡村现代化建设进程，许多从事与农业相关行业的群体从中发现商机，对农业发展充满了信心。特别是国家不断放开农村土地流转政策，许多人在乡村土地方面发现了其中潜在的价值和机遇，而且对个体来说农业的准入门槛较低。如此一来，很多从事与农业相关行业的群体为了把握住放宽的土地经营权和乡村土地所有权的机遇纷纷进军农业开展经营活动，特别是那些有丰富经营管理经验和较高管理水平的人。

基于支农惠农政策的推动作用，国内便产生了“新农人”这种新型群体，他们掌握了丰富的科学知识和较高水平的科学技术，对“三农”事业充满激情和信心。“新农人”从事的农业不仅仅是我们传统认知观念中的养殖行业和种植行业，更多的是现代农业产业，如民宿、乡村现代农场和乡村生态观光旅游等。这些行业的共同特征是传承乡村文化、附加值较高、生态环保。“新农人”从事这些行业，一方面可以提高自己的收入水平，另一方面还能够对乡村文化进行传承和发展，推动乡村向环境友好型和现代化新型乡村的方向发展。

不过，“新农人”不仅受到支农惠农政策和乡村舒适环境的影响，集体记忆也会增加乡村对他们的吸引力。自古以来，中国人就讲究思乡情结和落叶归根，这些观念的本质都是记忆。特别是对于中青年群体来说，他们拥有较长的工作年限，积累了丰富的工作经验和一定的财富，为了唤醒自己以往的乡村记忆，他们的思乡情结和对家乡的记忆便会转化成推动家乡建设、带动村民共同致富的美好理想和使命责任，他们愿意重新回到乡村把自己的家乡建设得更加美好。可见，之所以有那么多“新农人”返回自己的家乡从事涉农行业，对乡村文化进行继承、传播和发扬，主要原因是家乡的记忆和集体认同感深深地根植在他们的血液里。

二、“新农人”的乡村文化传播对策

（一）提升传播效果

在发展和培育“新农人”的基础上，一定程度来说，乡村文化的传播效果取决于人才发挥的作用。“新农人”是对乡村生存方式、乡村文化无比向往、想念的群体，能够从内心自主地对乡村文化进行传播和发散，他们要对更多的新知识、新方法和新渠道进行学习和掌握，才能利用合适的传播渠道发扬乡村文化。

乡村文化传播在“新农人”群体的积极参与、发扬等推动作用下，慢慢在良性循环的轨道上发展。有人聚集在一起的地方，就可能在最短的时间内完成从观点到思路再到思维的蜕变，而观念和思想对社会的发展产生重要作用，这种传播力量和传播作用才是乡村文化长久良性发展的重要推动力。

（二）乡村对传播效果的留存

基于乡村文化在传播方面的需求，乡村文化要在挖掘传统文化、文化复兴、人才返乡、培育人才、精神回归等方面加强力度，在乡村文化发展中逐渐形成一条行之有效的逻辑链，充分利用各种资源、大力推动各方面的工作，让乡村文化的传播效果达到最佳。

第一，美丽乡村是构成绿色环保产业的重要组成部分。随着乡村文化的传播和复兴，美丽乡村重新绽放出魅力和光彩，特别是在生命健康和绿色环保等正向观念的指导和作用下，越来越多的资本和涉及吃住行玩的优秀项目在乡村落地，这些项目组合在一起便构成了绿色环保产业集群，在美丽、舒适的乡村环境中，以“第一、三产业为主导，一、二、三产业共同发展”的经济模式为乡村文化的持续发展提供源源不断的动力。

第二，今后乡村文化的传承会在其价值的基础上形成惯性。乡村文化日益凸显和增强的核心竞争力使第一、二、三产业的发展更加平衡，直接向人们传递乡村文化中的物质价值和精神价值，如此一来，社会上越来越多的机构会自觉为乡村文化的持续发展和继承、传播“保驾护航”。

主要参考文献

张东华，廖程程．数字乡村档案文化治理的现实挑战与实施路径[J]．北京档案，2022（8）：7-11.

路新华．新时期乡村文化振兴的困境与路径选择[J]．农业经济，2022（8）：54-56.

许波荣．新型乡村软治理的逻辑理路、再造困境与优化路径[J]．理论导刊，2022（8）：77-83.

刘继文，良警宇，辛媛媛．主体再造与多元参与："村民自办文化"的实践机制——基于内蒙古邓村的田野考察[J]．南京农业大学学报（社会科学版），2022，22（4）：103-112.

姜广多．乡村振兴战略中乡村文化建设对策[J]．农业经济，2022（7）：52-53.

许雅斐．乡村振兴战略视域下农村文化建设研究[J]．农业经济，2022（7）：56-57.

尚新丽，张丽玟，彭登辉．破壁与赋能：数字人文视域下乡村档案文化建设的多维共振[J]．档案管理，2022（4）：5-8.

罗兰．民族地区乡村文化振兴：现实困境、发展逻辑与优化路径[J]．理论月刊，2022（7）：75-81.

高玉敏．乡风文明视域下乡村文化建设路径研究——基于河北省乡风文明建设的调查与思考[J]．四川戏剧，2022（6）：136-139.

王一岚，刘阳.“脱域”与“重建”：乡村网络公共空间的媒介转向[J].青年记者，2022(12)：90-92.

汪圣，聂玉霞.地方性知识的张扬：乡村文化振兴的应有之义及其实现[J].图书馆，2022(5)：1-6，31.

黄嫣，蔡振华.党建引领乡村文化建设的现实依据、作用机理及实现路径[J].湘潭大学学报(哲学社会科学版)，2022，46(3)：105-110.

傅琼，郭岩.新时代乡土文化自信重构路径研究[J].长白学刊，2022(3)：140-147.

刘恋.乡村振兴背景下乡村文化的现代性转型[J].湖湘论坛，2022，35(3)：120-128.

袁志香.以核心价值观为引领的思政教育对乡村文化建设的影响研究[J].农业技术经济，2022(4)：146.

杨华，范岳，杜天欣.乡村文化的优势内核、发展困境与振兴策略[J].西北农林科技大学学报(社会科学版)，2022，22(3)：23-31.

徐雁，张思瑶，何雨琪.古代江南私家藏书传统对现代乡村文化建设的启示[J].图书馆，2022(4)：1-6.

孙奇烽，吴连翠，吴训照.乡村振兴背景下新农人融资贷款规模影响因素研究——基于浙江省的调查数据[J].农业现代化研究，2022，43(3)：455-464.

张建霞.以社会主义核心价值观引领新时期乡村文化建设[J].中国稻米，2022，28(2)：118.

张少君.困境与突破：乡村振兴战略背景下农村公共文化建设研究[J].艺术百家，2022，38(2)：57-63.

孟威.“新农人”短视频出圈与土味文化传播——“张同学”短视频现象级传播背后的理性思考[J].人民论坛，2022(4)：112-116.

郝振萍，郭延乐，宰学明，等.乡村振兴战略背景下双创型“新农人”培养体系[J].江苏农业科学，2022，50(4)：226-231.

匡文波，王天娇.乡村文化振兴下新媒体数字传播策略[J].中国编辑，

2021(12):21-26.

曹立,石以涛.乡村文化振兴内涵及其价值探析[J].南京农业大学学报(社会科学版),2021,21(6):111-118.

范以锦,郑昌茂.数字乡村文化振兴的路径探析和逻辑建构[J].中国编辑,2021(11):16-22.

丁和根,陈袁博.数字新媒介助推乡村文化振兴:传播渠道拓展与效能提升[J].中国编辑,2021(11):4-10.

任贵州,曹海林.乡村文化治理:能动空间与实践路向[J].云南民族大学学报(哲学社会科学版),2021,38(5):98-106.

吕宾.文化自信视角下乡村文化振兴:实践困境与应对策略[J].湖湘论坛,2021,34(4):71-84.

娄炜利,马嘉.农家书屋在乡村文化传播中的功能研究[J].新闻爱好者,2021(4):61-64.

谢太平.内生性与传播赋权:乡村文化建设再思考[J].青年记者,2021(6):33-34.

刘洋,罗小洪.乡村文化建设的媒介传播与振兴策略[J].理论月刊,2021(3):100-107.

周建新,包圆圆.融媒环境下乡村传播的功能转型及其路径创新[J].现代出版,2021(1):56-60.

匡卉,郑欣.乡村文化建设中的非遗战略及其传播现象[J].中国农村观察,2021(1):40-50.

高晓琴.乡村文化的双重逻辑与振兴路径[J].南京农业大学学报(社会科学版),2020,20(6):87-96.

王德胜,李康.打赢脱贫攻坚　助力乡村振兴——短视频赋能下的乡村文化传播[J].中国编辑,2020(8):9-14.

韩鹏云.乡村文化的历史转型与振兴路径[J].华南农业大学学报(社会科学版),2020,19(4):1-9.

庞慧敏.新时代乡村文化传播研究的路径选择[J].青年记者,2020(6):

26-27.

沙垚.劳动作为联结——基于中国社会主义初期乡村文化传播实践的研究[J].新闻界,2019(7):56-61.